JN429767

리더십
뒤집기

REVERSING

착한 리더가 아니라 프로 리더가 되라

LEADERSHIP

이제, 당신의 판을 뒤집을 차례입니다

리더십 뒤집기

정상민·이영아·배희수·박해리·김진영 지음

동아일보사

PROLOGUE

리더의 무게를 견디는 당신에게: 이제는 뒤집어 볼 시간

"팀장님, 도대체 저한테 왜 이러세요?"

"상무님, 요즘 친구들은 왜 이렇게 책임감이 부족하죠?"

이 책은 두 질문 사이에 낀 대한민국 현장 리더들의 한숨에서 시작됐습니다. 위에서는 성과를 닦달하고, 아래에서는 공정과 워라밸을 요구합니다. 과거에 배운 리더십의 정석대로 "나를 따르라"라고 외치자니 꼰대 소리를 들을까 두렵고, 그렇다고 마냥 좋게 대하자니 호구 잡히는 것 같아 불안합니다.

많은 리더가 리더십을 '배우려' 합니다. 서점에 가서 유명한 CEO의 자서전을 읽고, 리더십 강의를 듣습니다. 하지만 현장에 돌아오면 다시 막막해집니다. 이론은 완벽한데, 내 앞의 김 대리와 박 과장에게는 그 이론이 통하지 않기 때문입니다.

우리는 그동안 리더십을 '더하기'로만 생각해 왔습니다. 더 많이 소통하고, 더 많이 챙겨주고, 더 많이 참아야 한다고 믿었습니다. 하지만 이 책은 '뒤집기'의 관점에서 리더십을 다시 정의합니다. 우리가 철석같이 믿어왔던 통념이 사실은 리더를 옥죄고 성과를 가로막는 장애물일 수 있다는 문제의식에서 출발합니다. 리더십 실천을 위한 기본 전제와 가정을 점검하려는 시도입니다.

이 책은 크게 다섯 가지 영역에서 기존의 상식을 뒤집습니다.

사람 편: 동기는 주는 것이 아니라, 꺼내는 것입니다. "동기부여를 해줘야 한다"는 강박을 버리십시오. 동기는 주입하는 것이 아니라, 구성원

스스로 내면에서 꺼낼 수 있도록 환경을 만드는 것입니다. 친밀함이 곧 신뢰라는 착각을 버리고, 역할과 책임의 경계 위에서 진짜 관계 맺는 법을 이야기합니다.

업무 편: 맡기는 것은 포기가 아니라, 올라서는 것입니다. '내가 해야 빠르다'는 생각은 리더의 성장을 막는 가장 큰 적입니다. 위임은 일을 떠넘기는 것이 아니라, 리더가 실무자에서 전략가로 올라서는 과정입니다. 계획보다 실행을, 인기투표가 아닌 성장을 위한 업무 배분 기술을 다룹니다.

조직 편: 편한 분위기가 아니라, 솔직한 분위기가 답입니다. 심리적 안전감을 '편안함'으로 오해하지 마십시오. 진짜 안전감은 불편한 진실도 용기 있게 말할 수 있는 치열함입니다. 칭찬보다 '존재에 대한 인정'이, 방임

이 아닌 '명확한 경계 속의 자율'이 조직을 춤추게 합니다.

성과 편: 숫자에 갇히지 말고, 맥락을 보십시오. "측정할 수 없으면 관리할 수 없다"는 말은 반만 맞습니다. 진짜 중요한 신뢰와 혁신은 숫자로 보이지 않습니다. 기계적 공정이 아닌 납득 가능한 공정을, 거대한 변화가 아닌 일상의 작은 시도로 불러올 혁신을 제안합니다.

자신 편: 착한 리더가 아니라, 적절한 리더가 되십시오. 무조건적인 주인의식을 강요하지 말고, 명확한 계약관계 위에서 프로 정신을 요구하십시오. 모든 것을 긍정하려 애쓰지 말고, 현실을 직시하는 낙관주의자가 되십시오. 그리고 완벽한 정답을 찾으려 하지 말고, 결정을 내리고 수정해 나가는 용기를 가지십시오.

이 책은 정답을 주입하는 교과서가 아닙니다. 아주 깊은 내용을 담지도 않았습니다. 대신 여러분이 현장에서 마주할 수많은 물음표를 느낌표로 바꾸는 '관점 전환의 순간'을 선물하고자 합니다. 지금 당신이 겪는 그 답답함, 어쩌면 방법이 틀린 게 아니라 방향이 거꾸로였을지도 모릅니다. 이제 리더십의 판을 뒤집어 볼 시간입니다.

이 책이 세상에 나오기까지 많은 분의 도움이 있었습니다. 먼저, 현장에서 치열하게 고민하고 부딪히며 살아 있는 사례를 만들어주신 수많은 리더와 팔로워(follower) 분들에게 깊은 감사를 드립니다. 여러분의 고민과 목소리가 이 책의 뼈대가 되었습니다.

또 이 책이 완성되기까지 개인 시간을 쪼개 토론하고 글을 써주신 네 분의 저자, WOW(Write Our Way) 프로젝트를 이끌어주신 동아미디어그룹 관계자분들, 그리고 언제나 저의 든든한 지지자가 되어주는 가족과 동료들에게도 진심 어린 고마움을 전합니다.

무엇보다 지금 이 순간에도 조직의 성과와 구성원의 성장을 위해 고군분투하고 계신 독자 여러분께 가장 큰 존경과 응원을 보냅니다.

여러분의 리더십 여정이 고단한 짐이 아니라, 설레는 성장의 과정이 되기를 바랍니다.

이제, 당신의 판을 뒤집을 차례입니다.

저자들을 대표하여 김진영

차례

PART 3

조직편

PART 4

성과편

PART 5

자신편

01
PART

사람 편

동기부여:
직접 줘야 한다는 착각

인트로

"회사 오래 다닐 생각 없는데, 이거 왜 해야 하나요?"

요즘 중견기업 K 팀장은 고민이 하나 생겼다. 회사는 업계에서 근무 조건이 좋아 입사를 희망하는 직원이 꾸준히 있는 곳이다. 경기 불황에도 실적은 좋은 편인데 정작 팀에 배정된 직원들과 어떻게 일해야 할지 막막하다.

"팀장님, 이번 업무는 꼭 해야 할까요? 이 일을 하는 이유를 모르겠어요. 이번 업무를 마치면 제가 얻는 건 무엇인가요?"

팀원의 질문에 모든 답을 가진 것은 아니기에 팀장 자리는 오늘도 어렵다. 일만 하기도 바쁜데 이제는 일하는 이유도 찾아줘야 하기 때문이다. 업무 지시 하나 내리는 것 역시 하나하나 설득의 과정을 거쳐야 하는 것 같아 답답하다.

'팀원이 일할 수 있도록 동기를 부여해 줘야 하나? 나는 팀원에게 마땅히 부여해 줄 동기를 찾지 못해 일을 같이 하는 것이 힘든 걸까? 예전처럼 시키면 하는 게 아니라 왜 하는지 설명해야 하는 건가?'

K 팀장의 초년 시절에는 주어진 일은 무엇이든 한다는 각오였기에 일을 왜 하는지 묻는 직원의 말이 낯설기만 하다. 하지만 요즘 직원들은 회사에서 시키는 일만 하면 수동적인 사람이 될까봐 걱정하면서도 동시에 안정적이고 오래 다닐 수 있는 직장을 원한다. 회사와 개인의 관계를 서로를 월 단위로 구독하는 사이 정도로 인식하는 듯하다. 마치 퇴사라는 목표를 이루기 위해 회사에 입사한다는 것처럼 들린다. 매일 아침 출근하는 것만으로 충분하다고 생각하는 직원들과 성과를 내야 하는 팀장 사이의 온도차는 갈수록 벌어지고 있다.

통념 깨기

동기는 주고받는 게 가능하다

그동안 우리는 동기부여란 위에서 아래로, 조직이 개인에게, 팀장이 팀원에게 부여하는 것으로 여겼다. 그런데 동기는 왜 부여된다고 믿는 것일까? 이런 믿음은 어디서 나온 것일까?

동기부여란 어떤 목적이나 이루고자 하는 목표를 향하도록 내적, 외적 동기를 자극하는 것을 의미하는 영어 단어 모티베이션(motivation)에서 왔다. 우리는 '동기부여'라는 한자어 탓에 동기는 외부에서 주어지는 것, 즉 누군가가 제공하는 것이라는 생각에 사로잡혔다. 하지만 동기부여의 본질은 남이 주는 것이 아니라, 목표를 향해 나아갈 수 있도록 자신의 내면, 즉 자존감과 성취감을 스스로 자극하는 것이다.

더 큰 문제는 이런 인식이 조직 전반에 뿌리 깊게 똬리 틀고 있다는 점이다. 인사팀은 동기부여 프로그램을 기획하고, 팀장들은 동기부여 방법을 고민하며, 직원들은 동기부여 받기를 기다린다. 마치 동기라는 것을 외부에서 주입해야만 작동하는 자동차의 연료 같은 것으로 취급하고 있다.

따라서 동기를 줘야 한다고 믿는 K-팀장과 받아야 한다고 믿는 팀원은, 출발부터 누군가 먼저 해주지 않으면 아무것도 안 되는 함정에 빠지게 됐다. 이는 서로서로 기다리는 상황을 만들어낸다. 팀장은 어떻게 동기를 부여할지 고민하고, 팀원은 동기가 부여되지 않아 일을 못 하겠다고 말하는 악순환이 반복되는 것이다.

다만, 신나게 일했던 때를 떠올려 봤으면 좋겠다. 그때 동기를 받았던가, 아니면 스스로 힘을 냈던가? 아마도 후자가 대부분일 것이다. 따라서 스스로 내면에서 찾아보는 것이 우선돼야 한다. 동기는 주는 것이 아니라 자발적으로 발현하는 것이라는 인식의 전환이 필요하다.

관점 전환

스스로 꺼내서 보여주는 것

갤럽의 2024년 글로벌 직장 현황 보고서에 따르면, 전 세계 직원의 77%가 업무에 몰입하지 못하고 있으며, 한국의 경우 몰입도가 13.4%로 전 세계 평균 23%보다도 현저히 낮은 수준이다. 이는 단순히 동기부여 프로그램이 부족해서가 아니라 동기에 대한 접근 방식에 근본적인 문제가 있음을 시사한다.

왜 그럴까? 사회로 나와 마주하는 조직 생활은 일에 대한 대가를 받고 성과와 보상이 있는 프로의 영역이다. 동기부여가 없어서 일할 마음이 없다는 것은 학창 시절에 공부하고 시험을 봐 점수를 받듯이 움직이던 시절의 마인드다. 동기를 주면 일을 하고, 동기가 없으면 일을 하지 못하겠다는 마인드는 프로의 영역에서는 통하지 않는다. 프로라면 주어진 업무에서 스스로 의미를 찾고 목표를 설정해 나가는 것이 당연하다.

그렇다면 동기는 어떻게 작동하는 것일까? 진정한 동기는 외부에서 주입되는 것이 아니라 개인의 내면에서 발현되는 것이다. 마치 씨앗이 적절한 환경에서 스스로 싹을 틔우는 것처럼, 동기도 적절한 조건이 갖춰지면 자연스럽게 나타난다. 내면의 열정, 개인의 역량과 창출해 내는 능력까지 모든 것이 합쳐진 완전체가 비로소 개인의 동기가 되는 것이며, 그 동인으로 스스로 내면에서 일하고자 하는 열정, 목표에 도달하겠다는 의지를 끌어올리는 것이다. 이때 리더의 역할은 동기를 주입하는 것이 아니라 동기가 원활하게 표출될 수 있는 환경을 조성하는 것이다.

실제로 성과가 높은 팀을 관찰하면 흥미로운 공통점을 발견할 수 있다. 팀장이 일일이 동기부여를 하지 않아도 팀원들이 스스로 목표를 설정하고 달성해 나간다는 것이다. 이런 팀의 팀원들은 자기 일에서 의미를 찾고, 성장의 기회를 발견하며, 동료들과 협력을 통해 더 큰 성과를 만들어 낸다.

그렇기에 일을 지시 받은 직원이 팀장에게 "이 일을 왜 해야 하나요?" 라고 묻는다면 이렇게 대답하자.

"일을 하기 위해 우리가 조직에 들어와 함께 있는 겁니다. 이 사안은 조직과 팀의 목표이기도 하니 도달할 수 있는 성과를 최대한 만들어봅시다. 얻게 될 결과에 집중해서 이 과제를 해보면 어떨까요? 쉽지 않겠지만 반드시 해내 모두가 성취감을 느껴보기 바랍니다."

동기부여가 어려울 것이라는 걱정은 접고 솔직한 마인드로 접근하는 게 좋다. 의도와 목적을 설명하고 배려하는, 진짜 리더의 동기부여 활동을 해보자. 이는 상대방을 수동적 수혜자가 아닌 능동적 주체로 인정하는 것에서 시작된다.

뒤집기 실천

동기 + 부여, 꺼낼 수 있도록 판을 만들자

이제 바꾸어 생각해 볼 때다. 동기가 발현될 수 있는, 성과를 내고 싶은 환경을 만들어보자. 다시 한번 말하지만 중요한 것은 동기를 '부여'하는 것이 아니라 '꺼낼' 수 있는 조건을 마련하는 것이다.

1. 심리적 안전감과 자율적 업무 환경 조성

먼저 팀워크와 긍정적 업무 환경을 조성하는 것이 필요하다. 동료 간 서로 격려하고 존중하는 업무 환경을 조성해 소속감을 높이고 문제 해결에 집중하는 소통을 우선해야 한다. 이를 위해 팀장은 역량에 맞는 업무 분장을 하고, 각 영역에서 성과가 나올 수 있도록 지원도 아끼지 말아야 한다.

구체적으로 실수를 두려워하지 않고 도전할 수 있는 분위기를 만들어보자. "완벽하지 않아도 괜찮으니 일단 시도해 보세요"라는 메시지를 지속적으로 전달한다. 또한 업무의 방법론은 팀원이 선택할 수 있도록 하되, 목표와 기준은 명확히 제시하는 것이 중요하다. 이렇게 하면 팀원들은 자신만의 방식으로 업무에 접근할 수 있어 주도성을 갖고 도전할 수 있게 된다.

2. 성취감과 성장 기회를 제공하는 피드백 시스템

성취감과 인정을 강화하는 분위기 조성이 필요하다. 업무 성과에 대한 피드백과 인센티브를 통해 성취감을 높여야 하는데, 2030세대 직원의 눈높이와 기준에 맞는 명확한 평가와 함께 어느 정도 자율성이 허용되는 분위기로 일에서 동기를 찾아갈 수 있는 근무 환경을 만들어가야 한다.

이때 중요한 것은 결과뿐만 아니라 과정에 대한 인정이다. "이번 프로젝트에서 보여준 창의적인 접근 방식은 좋은 시도였습니다"와 같이 구체적인 행동과 노력을 인정하는 것이다. 또한 단순한 칭찬을 넘어서 "이런 역량을 더 발전시키면 다음 프로젝트에서는 리더 역할도 맡아볼 수 있을 것 같은데요"와 같이 미래의 성장 가능성까지 제시하는 것이 효과적이다.

3. 도전과 학습이 연결되는 업무 설계

자기 계발과 도전 의식을 자극해야 한다. 개인의 성장 욕구를 반영한 교육 프로그램을 제공하고, 능력과 수준에 맞는 과제를 주어 수행 과정을 통해 성취감을 느낄 수 있는 배려가 필요하다.

업무를 단순한 작업이 아닌 학습과 성장의 기회로 만드는 것이 핵심이다. 예를 들어 "이번 프로젝트를 통해 데이터 분석 역량을 기를 수 있을 것 같은데, 어떤 방식으로 접근해 볼까요?"와 같이 업무와 개인의 성장을 연결해 설명하는 것이다. 또한 실패했을 때도 "이번 경험을 통해 무엇을 보완하면 좋을지 정리해 보면 다음에는 더 나은 결과를 만들 수 있을 것 같습니다"와 같이 학습과 성장의 관점에서 접근하는 것이 중요하다.

4. 일의 의미와 목적을 연결하는 스토리텔링

스트레스 관리와 재미 요소를 도입해 일에 활력을 불어넣어 보자. 업무의 경중, 우선순위에 따라 업무의 흥미를 높일 수 있도록 하고, 관찰과 적절한 개입의 의사소통으로 꼼꼼하게 관리해 나간다.

여기서 중요한 것은 업무가 단순한 과업이 아니라 더 큰 목적에 기여하는 의미 있는 활동임을 알게 해주는 것이다. 즉 우리가 하는 이 일이 고객에게 어떤 가치를 주는지, 회사의 성장에 어떻게 기여하는지를 구체적으로 설명하는 것이다. 또한 개인의 역할이 전체 팀과 조직의 성공에 어떻게 연결되는지를 명확히 보여주어야 한다.

5. 지속적인 소통과 신뢰 관계 구축

무엇보다 중요한 것은 리더와 직원 간의 지속적 소통이다. 정기적인 일대일 미팅을 통해 업무 진행 상황뿐만 아니라 직원 개인의 고민과 목표를 공유하는 시간을 보내야 한다. 이때 단순히 업무 보고를 받는 것이 아니라 요즘 어떤 것에 관심이 있는지, 어떤 것을 고민하고 있는지, 어떤 부분에서 성장하고 싶은지 등을 물어보며 개인의 내적 동기를 파악하려는 노력이 필요하다.

팀장이라면 팀원이 스스로 목표를 가지고 일에 대한 동기를 발현하도록 기꺼이 기회를 주고 업무를 배분해 평가를 내리는 판을 만들어주어야 한다. 이러한 경험이 쌓인다면 개인의 동기 유지는 조직의 성과 향상에 기여하게 된다. 중요한 것은 이런 환경 조성이 일회성이 아닌, 지속적인 과정이 돼야 한다는 점이다.

"이건 팀과 조직 전체에 공유해도 좋을 것 같군요." "당신의 경험을 다른 직원과도 공유해 진짜 성과로 만들어봅시다."

이 간단한 언급은 리더가 상대의 성취를 존중한다는 강력한 메시지가 된다. 상대는 리더를 신뢰하게 되고, 다음 피드백도 열린 마음으로 듣게 된다. 이런 작은 인정과 격려가 지속적으로 누적돼 결국 팀 전체의 동기 수준을 끌어올리는 힘이 된다.

한 줄 성찰

"동기는 각자의 내면에서 스스로 발현하는 것이 우선이며, 이를 위해 리더는 자율성과 성장이 가능한 환경을 만들어주어야 한다."

반전에 반전

그럼에도 조직은 직원에게 동기부여를 직접적으로 해줘야 할 때가 반드시 있다.

직원이 번아웃 상태라면 충분한 휴식과 회복의 시간을 주되, 작은 성공을 통해 다시 자신감을 회복해 업무로 복귀할 수 있도록 세심한 배려가 필요하다. 또한, 조직의 그라운드 룰을 명확히 해야 자율성과 허용이 의미가 있으며, 평가와 보상에는 공정하고 투명한 기준을 적용해야 한다. 특히 신규 입사자나 새로운 업무를 배정받은 직원에게는 초기 적응하는 동안 적극적인 가이드와 멘토링이 필요하다. 이때 리더는 내재적 동기가 발현될 수 있는 기반을 마련한다는 관점에서 접근해야 한다.

관계:
친밀과 신뢰 사이

인트로

친한 것이 믿는다는 것일까?

"나는 저 친구랑 친하니까 괜찮아." "우리 팀은 분위기가 좋아서 그런 걱정은 안 해도 돼요." "사람이 먼저니까, 일보다 관계가 중요하잖아요."

리더십 교육이나 워크숍에서 이런 말을 하는 리더들을 자주 만난다. 자신을 '관계형 리더'라고 규정하며, 직원과 관계는 별문제가 없다고 확신한다.

'좋은 분위기' '편안한 사이' '웃으며 대화하는 관계'가 과연 진정한 신뢰를 의미하는 것일까? 대답은 '그렇지 않다'이다. 리더에게 관계 관리란 친밀함과 신뢰 사이의 섬세한 균형을 찾는 과정이다. 많은 리더가 착각하는 한 가지는, '친밀감'이 곧 신뢰로 이어진다고 믿는 것이다. 오랜 시간 함께 일하고, 사적인 이야기를 나누며, 서로 성향을 잘 알고 있는 상태를 '신뢰 관계'라고 착각한다. 하지만 그것은 일할 때 필요한 신뢰가 아니라 '편안함'일 뿐이다.

개인적 친밀감이 쌓일수록 기대와 오해가 함께 자란다. '말 안 해도 그 정도는 해줄 줄 알았는데'라는 기대가 시작되는 순간, 조직에서 관계는 조용히 금이 가기 시작한다.

통념 깨기

친해지면 일 못 시킨다는 착각

우리가 느끼는 친밀감이 어떻게 신뢰로 이어지는지 설명해 주는 연구 결과가 있다. 2023년 갤럽이 전 세계 직장인을 대상으로 실시한 조사 결과는 우리의 통념을 완전히 뒤집는다. 직장에서 친한 친구가 있다고 답한 직원들의 업무 몰입도가 그렇지 않은 직원들보다 7배나 높았다. 더 놀라운 것은 직원의 70%가 상사의 개인적 관심을 원하고 있으며, 친밀감이 떨어진 직원들의 성과는 지속적으로 하락한다는 사실이다.

또한 Catalyst(글로벌 비영리 여성 권익 단체)의 「Empathic Leaders Drive

Employee Engagement」 리포트는 리더가 직원의 삶과 업무에 관심을 보이며 진심으로 공감할 때, 직원의 창의성과 업무 몰입도는 크게 높아지고 번아웃과 이직 의향 또한 현저히 줄어드는 것을 밝혔다. 결국 리더의 진심 어린 배려가 인재를 지키고 조직 성과를 높이는 확실한 방법임이 입증된 셈이다.

그렇다면 왜 우리는 여전히 "친해지면 일을 못 시킨다"고 믿고 있을까?

이는 관계의 경계가 흐려지는 것에 대한 두려움에서 출발한다. 친밀한 관계는 상대를 향한 감정과 생각을 서로 더 깊이 공유하게 만든다. 그래서 업무에 필요한 명확한 지시나 피드백을 주기 어려워진다고 느끼는 것이다. 특히 한국의 관계지향적 문화에서는 상대의 감정이나 체면을 고려해 직접적이고 냉정한 요구나 피드백을 주저하게 된다. 또한 친밀함이 높아지면 직원들이 리더의 업무 요청을 '공식적 지시'가 아니라 '사적 부탁'으로 받아들여 긴장감과 책임감이 떨어질 수 있다는 우려마저 있다.

하지만 진짜 문제는 친밀함 자체가 아니다. 친밀감과 전문성을 구분하지 못하는 미숙한 관리 능력이 문제다. 따라서 리더에게 필요한 것은 친밀함을 피하는 것이 아니라, 업무상 책임과 역할에 대한 명확한 경계를 유지하면서 정서적 신뢰를 구축하는 균형 잡힌 관계 관리다.

관점 전환

관계에 '온도 조절'이 필요하다

좋은 관계를 맺기 위해 먼저 알아야 할 것이 있다. 바로 '관계에도 적정 온도가 있다'는 사실이다. 친밀함이라는 감정의 온기가 지나치게 뜨거우면 개인적 감정이 앞서 감정 소모와 함께 업무적 신뢰를 해치게 된다. 반대로 과하게 차가우면 거리감과 단절을 불러와 몰입이 약해진다.

이 둘 사이의 '적정 온도', 즉 감정적 교류와 역할상 선명함이 균형을 이룰 때 신뢰와 성과 모두가 올라갈 수 있다. 친밀감은 감정의 영역이고, 신뢰는 행동의 결과다. 친하다는 이유로 경계가 흐려지면 피드백은 잔소리로 받아들여지고, 공적 기준은 사적 정서에 묻히게 된다.

그래서 지금부터 스스로에게 물어야 한다. 내가 친밀하게 대하는 직원과의 관계, 그 안에 진짜 신뢰가 존재하는가? 그리고 그 신뢰는 업무의 기준과 책임 속에서 작동하는가? 핵심은 공감하되 중심을 잃지 않고, 인간적 이해와 업무 기준을 함께 전달하는 대화 방식을 구축하는 것이다.

뒤집기 실천

친밀과 신뢰를 동시에 잡는 법

1. 역할과 책임은 '사람'이 아니라 '일' 중심으로 명확히 나눈다

조직 구성원과 허물없이 대화하고 갈등 없이 지내는 것은 중요한 능력이다. 하지만 리더와 구성원이 아무리 친하더라도, 일을 맡길 때는 개인적 감정이 아닌 '업무의 요구'와 '역할의 기준'으로 접근해야 한다. 친하니까 봐주는 것도 아니고, 안 친하다고 더 엄격한 것도 아닌 공정하고 명확한 기준을 만들어야 한다.

구체적 실천 방법은 다음과 같다. 먼저 업무를 배분할 때 명확한 언어를 사용한다. "우리는 평소에 편하게 이야기하는 사이지만, 이번 프로젝트에서 철수 님이 콘텐츠 리더니까 중요한 결정은 철수 님이 맡아줘요. 난 믿고 지지할게요." 이처럼 '친해서'가 아닌 '이 일에 당신이 적임자이기 때문에'라는 관점으로 접근한다.

업무를 지시할 때에는 세 가지를 명확히 한다. 첫째, 기대하는 결과물의 구체적 수준이다. 둘째, 의사결정 권한과 책임 범위다. 셋째, 진행 상황을 공유할 시점과 방법이다. 이러한 기준은 문서로 정리해 공유하면 더 확실해진다.

2. 심리적으로 안전한 피드백 루틴을 만든다

친한 사이일수록 피드백을 덜 하게 되는 경향이 있다. 상대방의 감정을 상하게 할까 봐, 관계가 나빠질까 봐 우려하기 때문이다. 하지만 피드백을 자주 솔직하게 나누는 관계일수록 신뢰와 성장 수준이 함께 올라간다. 단, 비난이 아니라 발전을 위한 방향 제시여야 한다.

효과적인 피드백을 위한 구조를 만들어야 한다. 매주 금요일 오후 30분간 '주간 리뷰 시간'을 정례화한다. 이 시간에는 다음의 세 가지를 필수적으로 논의한다. 첫째, 금주 업무 중 발생한 성과와 개선점이며 둘째, 차주 중점 과제 및 이에 수반되는 지원 필요 사항이다. 마지막으로 업무 수행 과정에서의 개인적인 고충이나 고민을 공유하며 소통한다.

피드백의 언어 또한 중요하다. "이번 자료는 전체적으로 흐름이 좋았지만, 숫자 근거가 좀 약했어요. 이 부분만 보완하면 훨씬 설득력이 높아질 거예요. 다음번엔 초안 단계에서 같이 보면 좋겠어요." 이처럼 긍정적인 부분을 먼저 인정하고, 개선점을 구체적으로 제시하며, 함께 해결책을 찾는다.

3. 공과 사의 명확한 경계를 설정한다

우리가 흔히 "리더는 열린 마음으로 팀원과 소통해야 한다"고 하지만, 열림(open)과 경계 없음(boundless)은 다르다. 반드시 업무와 사생활, 공적 피드백과 사적 위로는 구분해야 한다.

경계 설정의 구체적 방법은 다음과 같다. 첫째, 시간의 경계를 만든다. 업무 시간과 개인 시간을 명확히 구분하고, 긴급한 상황이 아니라면 퇴근 후 연락을 자제한다. 둘째, 공간의 경계를 만든다. 회의실에서는 업무 이야기만, 휴게실에서는 편안한 대화를 나누는 식으로 공간별 소통 방식을 구분한다. 셋째, 주제의 경계를 만든다. 개인의 사생활이나 다른 팀원에 대한 험담에는 선을 긋는다.

업무는 업무로, 위로는 위로로 구분하고, 공적 순간과 사적 순간을 섞지 않는 것이 중요하다. 누구에게나 같은 거리감과 기준을 유지하는 것이야말로 일터에서 필요한 관계의 출발점이다.

한 줄 성찰

"친밀함은 신뢰의 충분조건이 아니라 필요조건일 뿐. 진정한 신뢰는 일관된 원칙과 확실한 경계 위에서 자란다."

반전에 반전

그럼에도 조직의 리더로서 직원과 아무리 신뢰를 바탕으로 한 관계를 유지하더라도 반드시 '거리를 두어야 하는 순간'이 존재한다.

첫째, 개인적 고민을 공유하며 감정적으로 자주 의지하려는 직원이 있을 때다. 리더는 상담사가 아니다. 과도한 감정노동은 리더십을 약화한다.

둘째, 마감이나 약속을 자꾸 어기면서 '농담 섞인 사과'를 반복할 때다. 친밀함을 방패로 책임을 회피하는 것은 용납될 수 없다.

셋째, 다른 직원의 이야기를 리더에게 '사적으로' 전달하며 판단을 요구할 때다. 이는 조직 내 정치를 조장하는 행위다.

이런 순간에는 단호하게 선을 그어야 한다. "미안하지만, 이 부분은 공식 절차를 통해 이야기하는 게 좋겠습니다"라고 명확히 전달한다. 때로는 거리를 두는 것이 관계를 지키는 가장 현명한 방법이 되기도 한다. 우리는 친구를 사귀기 위해서가 아니라 일을 하기 위해 모인 동료이기 때문이다.

육성:
아무리 해도 제자리걸음

인트로

"저성과자는 가르쳐 봤자."

어느 스타트업에서 임원으로 재직 중인 지인에게 직원 육성 시스템을 어떻게 운영하는지 물었는데, 돌아온 답이 그리 밝지는 않았다.

"스타트업에 그런 게 어디 있냐? 그리고 아무리 교육해도 저성과자는 그냥 저성과자더라."

또 하나 들은 사례가 있다. 이번에도 스타트업에서 근무하는 한 팀장의 고민이다.

"경력직으로 입사했는데도 최근 들어온 신입보다 성과가 부진한 팀원이 있습니다. 팀장으로 어떻게든 역량을 끌어올리고 싶다는 욕심이 생겨서 그 팀원에게 일주일에 두 번 정도 업무 시간 이후에 저와 스터디할 것을 제안했어요. 처음에는 흔쾌히 수락하고 따라오더군요. 그런데 딱 한 달짜리였어요. 몸이 너무 안 좋다는 사유부터 집안 어른이 돌아가셨다는 등 온갖 핑계를 대더니 스터디가 진행되지 못했습니다. 당연히 성과는 여전히 제자리걸음이에요. 참고 참다 화가 나서 원온원(one-on-one) 미팅 자리를 만들어서 물어봤습니다. 피하는 것 다 알고 있는데 왜 그러냐고. 그랬더니 돌아온 답이, 자신은 시키는 대로 일 잘하고 있는데 왜 자꾸만 가르치려고만 하는지 모르겠고, 자존심이 상한대요. 이 직원의 부진함 때문에 최근 다른 팀원들의 불만이 계속 생기고 있습니다. 어떻게 해야 좋을지 참 난감합니다."

위 사례들은 저성과자 육성의 본질에 대한 우리의 재고(再考)를 요구한다.

통념 깨기

저성과자는 육성으로 해결된다

육성의 사전적 의미는 '길러 자라게 함'이다. 풀어 말하면 성장이 필요한 누군가를 성장할 수 있도록 돕거나 방법을 알려주는 행동의 일종이다.

그런데 이 단어를 기업에 대입하면 의미가 미묘하게 달라진다. 조직에서 육성은 신입 사원의 안정적인 안착과 적응을 돕거나, 성과가 잘 나오지 않는 직원에게 업무 기술이나 노하우를 학습시키는 과정 등을 뜻한다. 이 과정은 결코 간단하지 않다. 구성원의 강점과 약점을 분석하고 그들의 성향까지 파악해 성장 동력원을 만들게 돕고 스스로 성장할 수 있는 발판을 만드는, 시간과 노력과 마음 씀씀이까지 필요한 복합적 활동이다.

다수의 기업에서 시스템을 도입해 육성을 시도하는 이유는 저성과자의 발전에 있다. 한국은 채용이 유연하지 않아 직원을 한번 채용하면 해고하기가 불가능에 가깝다. 그래서 조직 내 저성과자를 평균 이상의 고성과자로 만들기 위해 교육훈련을 진행한다. 물론 대기업 또는 공공기관 등 시스템이 갖춰진 경우에 한정해 그렇다. 상당수 기업은 이러한 시스템 없이 조직 리더들의 일대일 도제식 혹은 외부 교육 프로그램을 통해 육성을 시도하는 경우가 많다.

그런데 저성과자 교육훈련 프로그램의 결과는 과연 기대한 만큼 나올까? 서두의 사례들을 보면 육성을 시도했는데도 원하는 결과를 얻지 못했다. 그런데도 저성과자에 대한 육성은 기존 방식대로 계속되고 있다. 진짜 성과를 낼 육성이 무엇인지, 그리고 그 대상자는 누가 돼야 하는지 냉정한 판단을 하지 않았다는 방증이 아닐까?

관점 전환

육성은 본질과 대상자 파악에서 시작한다

누구든 저성과자로 여겨지고 싶은 사람은 없다. 사실 (정상적이라면) 저성과자도 당신만큼 노력하고 애를 쓴다. 그런데도 성과가 오르지 않는다는 것은 다음을 생각해 봐야 한다.

- 육성할 때 나도 모르게 그 구성원이 잘 모른다는 이유로 감정을 내세웠는지
- 그 구성원이 정말 모르거나 어려운 점에 대해 제대로 대화했는지

육성하는 입장에서는 좋은 취지였으나 받아들이는 이에게는 그 의미가 변질될 수 있다는 점을 알아야 한다. 내가 이렇게 열심히 당신의 육성을 도왔으니, 당신은 반드시 성장할 것이라는 믿음에는 맹점이 있다. 육성한 결과가 내가 기대한 수준이 아닐 경우 '왜 성장하지 못하니?' 하는 비난의 생각이 드는 것이다. 이 경우, 당신에게는 저성과자일지 모르지만 대상자의 생각은 다를 수 있다. 하지만 당신이 리더라면 당신의 평가에 따라 저성과자로 분류할 가능성이 높아진다. 따라서 나의 육성 활동이 자신의 주관으로만 시작되지 않았는지 고민해 볼 필요가 있다.

다른 한편으로 육성 제도를 적용할 필요가 없는 구성원이 아닌지 생각해 봐야 한다. 아무리 훈련이나 교육을 받아도 늘 제자리인 경우나, 자신

은 저성과자가 아니라고 육성을 거부하는 경우가 해당한다. 전자의 경우 공공기관 등 정년이 보장된 조직에서 어렵지 않게 발견할 수 있다. 심하면 육성 제도를 휴가처럼 쉬는 기회로 삼기도 한다. 육성 자체가 조직의 예산 낭비인 셈이다. 후자는 육성을 제안하는 과정부터 쉽지 않다. 인사평가 결과를 근거로 제시해도 소용없다. 육성을 받는다는 자체가 저성과자라고 인정하는 것이 되므로 알아서 하겠다고 억지를 부리거나 감정적 행동으로 조직 분위기를 흐리기도 한다.

육성의 본질이 긍정적이고 유의미한 변화인 것은 분명하나, 육성의 효과가 보이지 않는다면 위 사항들을 재점검해 보아야 한다.

뒤집기 실천

육성의 긍정적 결과를 만드는 기술

심리학 전문 저널인 『프런티어스 인 사이콜로지(Frontiers in Psychology)』의 한 연구(E. Nemtcan 외, 2022년)에 따르면 저성과자로 분류된 사람들은 자기효능감이 떨어지는 동시에 신체적·정신적 상태가 악화하고 동기 감소로 이어져 악순환에 빠지는 경우가 많다고 한다. 사실 저성과자로 분류되는 원인은 당사자 개인에게만 있지 않다. 육성하는 쪽과 받는 쪽, 조직문화, 일신상의 문제, 개인의 자존심 문제 등이 복잡하게 얽힌 경우가 대부분이다.

1. 육성에 대한 서로의 마음 균형 맞추기

육성을 대충 하겠다고 생각하는 리더는 없을 것이다. 그런데 대부분 그 중요함에 대해 제대로 알리고 시작하는 경우가 생각보다 많지 않다. 그래서 위에 언급한 비난의 마음이 생기는 것이다. 육성을 받는 쪽에 자기 뜻을 솔직하게 전하고 시작할 것을 권한다. 이 육성 활동이 왜 시작됐는지, 종료된 시점에 어떤 점을 기대하는지, 성과가 올랐을 때 어떤 것이 달라질지 등이 그 내용일 것이다. 육성이 어느 정도 되자마자 신입 사원이 이직하는 경우는 육성과 관련한 조직의 입장을 알고 있지 못했을 가능성이 높다. 그의 입장에선 개인적으로 성장했으니 더 좋은 조건의 회사로 이직한 것뿐이다.

육성하는 쪽과 받는 쪽의 생각과 마음의 균형을 사전에 맞춰놓아야 한다. 저성과자도 마찬가지다. 저성과자로 분류된 것도 마음이 좋지 않은데 서론도 없이 무작정 육성 활동이 시작되면 감사함보다 반감이 생길 가능성이 높다. 입장 바꿔 생각해 보면 이해가 쉽다.

2. 육성 목표와 수준 점검하기

육성을 받는 구성원을 운전자에 비유해 보자. 지금은 경차를 막 운전하기 시작한 초보 운전자이거나, 초보는 아니라도 운전을 잘 못해서 사고를 냈거나 동승자를 힘들게 만드는 사람일 것이다. 그런데 육성을 받는다고 내일 당장 최고급 대형 세단을 능숙하게 사고 없이 운전할 것이라고 기대할 수 있을까? 강력한 챌린지가 모든 육성 과정에서 동기를 끌어올리는 것은 아니다. 특히 육성이 프로젝트 형식으로 단기간 진행된다면 더욱 그렇다.

육성은 단기 및 장기 목표와 단계별 수준을 정하고, 그것에 맞게 시작해야 한다. 최종 목표를 정하되, 처음부터 너무 큰 결과물을 기대하지 말았으면 한다. 단계별 점검을 통해 성장 속도가 빠르다면 기간을 단축하거나 난도를 약간 올리는 방식으로 조정해도 충분하다.

3. 긍정적 결과가 기대되는 대상자에게 시도하기

육성 시간을 악용하거나 육성을 거부하는 저성과자도 직원인데 그냥 내버려둘 수 없다는 의견이 있을 수 있다. 하지만 조직의 성장을 위해서는 냉정하게 판단해야 한다.

오히려 육성을 통해 더 나은 성과를 낼 수 있는 구성원에게 그 혜택을 집중할 것을 강하게 권한다. 배움의 의지가 있거나 성장에 목마른 구성원에게 눈을 돌려보자. 조직 내 고성과자들이 갖고 있는 아쉬운 점 하나는 성과가 높다는 이유로 조직에서 제공하는 육성 제도에서 배제되거나 뒷순위에 놓인다는 점이다. 조직 입장에서는 좋은 성과를 내고 있으니, 별도 교육훈련을 받지 않아도 된다는 생각이지만 이는 오해다. 성장하고 성과를 창출하는 직원은 더욱 수준 높은 성장을 원한다. 실제 이들은 성장을 위해서라면 자비를 투자하는 것도 주저하지 않는다.

성과는 대부분 고성과자들을 통해 창출된다는 점을 감안할 때, 이들을 위한 회사의 복지 제공 차원으로 육성을 제안해 봤으면 한다. 육성을 원치 않는 저성과자를 힘겹게 이끄는 과정에서 잘하고 있는 고성과자들이 소외감을 느끼지 않게 해야 한다. 다른 한편으로 이때 저성과자는 어떻게 해야 할지 고민될 수 있다. 육성으로 나아지는 결과를 내는 경우라면 문제가 되지 않지만 거부하거나 악용하는 경우라면 안타깝지만 단호해야 한다. 회사 차원에서 인사고과 결과를 우선 기준으로 삼아 보직 변경이나 나아가서 해임까지도 고려해야 한다. 고용이 경직된 우리나라에서 이 정도의 인사 조치까지는 기대하기 어렵겠지만, 리더라면 조직의 성장 차원에서 꼭 고민하고 넘어갈 문제다.

한 줄 성찰

"육성의 진짜 대상자는 성장할 수 있거나 성장하고 있는 사람이다."

반전에 반전

육성이 조직 차원에서 반드시 이뤄져야 한다는 부담감을 내려놓을 필요도 있다. 대신 육성 프로그램을 복지제도와 미션으로 바꿔보는 것은 어떨까? 코로나19 팬데믹을 거치면서 비대면 교육시장은 활성화된 지 이미 오래다. 저성과자가 육성을 거부하는 것은 낙인에 대한 두려움과 자존심 문제인 경우가 많다. 육성을 받고 싶은 마음이 한쪽에 있음에도 말이다. 이런 구성원을 위해 육성 프로그램을 조직 차원에서 제공하되, 그 프로그램과 연계된 업무를 주고 그 성과를 측정하는 것이다. 일종의 퀘스트 수행처럼 육성을 시도하면 구성원은 시선에 대한 부담 없이도 프로그램을 이용할 수 있고, 배운 점을 성장의 토대로 삼는 기회를 부여받을 수 있다.

조직이 실시하는 교육훈련은 성과 창출이라는 결과를 지향할 수밖에 없다. 다만 인간은 성장과 발전 과정에서 큰 만족감을 느낀다는 점도 이해할 필요가 있다.

역량:
개인이 아닌 우리의 것

인트로

"이걸요? 제가요? 왜요?"

월요일 오전, 영업팀 회의실. 8년 차 K 팀장은 새로운 프로젝트 업무 분장을 발표했다. 그런데 예상치 못한 반응이 나왔다.

"이걸요?" 2년 차 김 대리가 의아한 표정으로 물었다.

"제가요?" 이번엔 3년 차 박 대리가 고개를 갸웃거렸다.

"왜요?" 막내 이 사원까지 가세했다.

K 팀장은 당황했다. 업무를 배정했을 뿐인데 마치 심문받는 기분이 들었다. 예전에는 "네, 알겠습니다"로 끝나던 일이 이제는 지난한 설명회가 돼버렸다. '일을 시키기도 전에 벌써부터 이러면 어떻게 같이 일하나' 싶어 답답했다.

점심시간, 옆 팀 L 팀장이 넌지시 조언했다. "요즘 2030은 자기 성장에 도움이 되어야만 일을 하려고 해요. 무조건 시키지 말고, 납득시켜야 한다니까요."

K 팀장은 혼란스러웠다. 자신은 조직에서 십수 년을 일하며 '맡은 일을 통해 성장한다'고 믿어왔다. 일단 부딪치고 보면 결국엔 실력이 늘었다. 그런데 직원들은 '이 일이 내게 무슨 도움이 되는지' 먼저 따진다. 개인의 이해득실을 계산하고, 성과가 가시적이고 혼자 할 수 있는 업무만 선호한다.

'일을 주지도 못하는데 어떻게 이들과 성과를 낼 수 있을까?'

통념 깨기

역량은 개인이 소유한다는 착각

역량이란 일을 해내는 힘이다. 단순한 기술(skill)이 아니라 지식, 경험, 태도, 가치관이 복합적으로 작용하는 종합적 능력이다. 많은 사람이 역량을 개인의 소유물로 생각한다. 내가 배운 지식, 내가 쌓은 경험, 내가 개발한 기술이라고 믿는다.

그렇다면 2030세대 직원의 '3요 질문'을 다시 보자. "이걸요?"는 수많은 업무 중 왜 하필 이것인지 묻는 것이다. "제가요?"는 여러 사람 중 왜 자신이어야 하는지 확인하는 것이다. "왜요?"는 이 일을 해서 얻을 수 있는 것이 무엇인지 알고 싶은 것이다.

이들에게 역량은 철저히 '내 것'이다. 회사를 옮겨도 가져갈 수 있는 개인 자산이다. 그래서 업무를 맡을 때도 '이 일이 내 역량 개발에 도움이 되는가?' 하는 점을 먼저 따진다. 도움이 안 된다고 판단하면 거부감을 보인다.

하지만 이는 역량의 본질을 오해한 것이다. 경영 컨설팅 회사 맥킨지의 연구에 따르면, 조직 내 네트워크가 활발한 직원이 그렇지 않은 직원보다 경력 발전에 대한 지원을 2배 더 받고, 업무 몰입도는 1.5배 높은 것으로 나타났다. 역량은 혼자서는 자라지 않는다. 조직이라는 토양에서, 동료와 상호작용을 통해 발현되고 성장한다.

관점 전환

역량은 혼자 자라지 않는다

또 한 가지 흥미로운 사실이 있다. 똑같은 사람이 조직을 옮기면 전혀 다른 역량을 보인다는 것이다. A 회사에서 탁월했던 직원이 B 회사에서는 평범해지고, C 회사에서 별 볼일 없던 사람이 D 회사에서는 스타가 된다. 왜 이런 일이 벌어질까? 역량이 정말 개인의 것이라면, 어디서든 동일하게 발휘되어야 한다. 하지만 현실은 그렇지 않다. 이는 역량이 개인의 소유물이 아니라 '조직과 개인의 상호작용'에서 나오는 것임을 보여준다.

역량의 학술적 정의를 보면 더 명확해진다. 이에 따르면 역량은 '고성과자가 일관되게 보이는 행동 패턴'이다. 여기서 주목할 점은 '행동'이다. 머릿속 지식이나 잠재 능력이 아니라, 실제로 발현되는 행동을 말한다. 그리고 행동은 상황과 맥락에 따라 시시각각 달라진다.

예를 들어보자. 프레젠테이션 능력이 뛰어난 직원이 있다. 그런데 이 능력은 혼자서는 발휘될 수 없다. 발표할 기회를 주는 상사, 경청하는 동료, 피드백을 주는 조직문화가 있어야 한다. 또한 회사의 발표 스타일, 선호하는 자료 형식, 의사결정 방식에 맞춰야 한다. 결국 '프레젠테이션 역량'은 개인과 조직이 함께 만들어내는 것이다.

이런 의미에서 역량은 '조직 자원'의 성격을 갖는다. 개인에게서 나오지만, 개인을 초월해 존재한다. 작은 물방울이 모여 강물처럼 흐르듯이 개인은 구성원으로서 조직 안에서 성장한다. 그러기에 역량은 보관할 수 없고 오직 실행 중에만 존재하는 현재 진행형이며 조직이라는 그릇에 담겨야 비로소 형태를 갖춘다.

뒤집기 실천

역량을 공유하고 증폭시키는 방법

일반적으로 '역량 개발'이라고 하면 교육훈련을 먼저 떠올리게 된다. 안타깝게도 많은 교육 담당자는 교육 실시 자체로 할 일이 끝났다고 생각한다. 하지만 역량은 한두 번의 이벤트로 향상되지 않는다. 긴 호흡으로 천천히 바라보는 마인드 변화가 필요하다.

1. 업무 배정 시 '성장 스토리' 함께 그리기

"이걸요? 제가요? 왜요?"라는 질문이 나왔을 때, 당황하거나 짜증 내지 말고 설명의 기회로 삼아야 한다. 이는 직원이 자신의 역량 성장에 관심이 있다는 신호로 받아들이자.

"이번 프로젝트는 우리 팀의 핵심 과제입니다. (이걸요?) 김 대리가 지난번 보여준 데이터 분석 능력을 더 발전시킬 좋은 기회라고 봅니다. (제가요?) 이 프로젝트를 통해 고객 인사이트 도출 역량을 키우면, 앞으로 더 큰 프로젝트를 리드할 수 있을 겁니다. (왜요?)"

단순히 일을 시키는 것이 아니라, 그 일을 통해 어떤 역량이 개발되고, 그것이 개인과 조직에 어떤 가치를 만들어내는지 함께 그려보는 것이다.

2. '개인 프로젝트'가 아닌 '팀 프로젝트'로

많은 조직이 역량 개발을 개인의 책임으로 돌린다. '자기 계발은 스스로 하는 것'이라며 교육비만 지급하고 그게 끝이다. 하지만 진정한 역량은 함께 일하는 과정에서 자란다.

국내 어느 IT 기업은 '역량 공유회'를 운영한다. 매주 목요일 오후, 교육훈련 기회를 가진 팀원들이 돌아가며 배운 것을 15분씩 발표한다. 단순 지식 전달이 아니라 "이걸 우리 일에 어떻게 적용할까?"를 함께 토론한다.

개인의 학습이 팀의 자산이 되는 것이다.

"이번 주는 박 대리가 참석한 디지털 마케팅 세미나 내용을 공유해 주세요. 특히 우리 신제품 론칭에 적용할 만한 인사이트를 중심으로 설명해 주세요."

3. '실패해도 괜찮은 도전 과제' 만들기

역량은 도전을 통해 성장한다. 하지만 실패가 용납되지 않는 조직이라면 누구도 새로운 시도를 하지 않으며 안전한 범위 내에서만 움직인다.

스타트업 E사는 분기마다 '실험 프로젝트'를 운영한다. 업무 시간의 10%를 새로운 시도에 쓸 수 있고, 실패해도 불이익이 없다. 오히려 도전하지 않으면 문제가 된다.

"이번 분기 실험 프로젝트 주제를 정해 보죠. 평소 해보고 싶었지만, 리스크 때문에 못 했던 것을 제안하세요. 실패해도 됩니다. 대신 무엇을 배웠는지는 꼭 공유해야 합니다."

4. 선후배 '역량 멘토링' 시스템 구축

역량은 가르치고 배우는 과정에서 가장 잘 전달된다. 하지만 상당수 조직에서 선배는 알아서 배우라고 하고, 후배는 아무도 안 가르쳐준다며 불평한다.

제조업체 F사는 '기술 전수 프로그램'을 반기마다 운영한다. 숙련 기술자와 신입 직원을 일대일로 매칭하고, 6개월간 함께 일하며 노하우를 전수한다. 단순히 지켜보는 것이 아니라 단계별 학습 목표를 정하고 진척도를 관리한다.

"이번에 입사한 신입 사원의 멘토를 맡아주세요. 단순히 일을 가르치는 게 아니라, 우리 조직에서 성과를 내는 방법을 함께 찾아가는 과정입니다."

5. 조직 역량 지도 만들기

개인의 역량을 조직의 자산으로 만들려면 구체적인 가시화가 필요하다. 누가 어떤 역량을 가졌는지 조직에는 어떤 역량이 부족한지 한눈에 볼 수 있어야 한다.

컨설팅 회사 G사는 '역량 매트릭스'를 운영한다. 전 직원의 역량을 체계적으로 정리하고, 프로젝트 구성 시 참고한다. "이번 프로젝트는 데이터 분석과 고객 인터뷰가 핵심인데, A의 분석력과 B의 커뮤니케이션 능력을 조합하면 시너지가 날 것 같습니다."

역량 개발을 인사팀의 업무라고 생각하는 경우가 많다. 공통 역량이나 리더십 역량은 그럴 수 있겠다. 하지만 '직무 역량'은 해당 부서장이 제일 잘 아는 주제일 수밖에 없다.

한 줄 성찰

"역량은 개인이 가진 것이 아니라, 조직과 함께 만들어가는 모두의 자원이다."

반전에 반전

그럼에도 개인의 역량 소유 현실을 완전히 부정할 수는 없다.

첫째, 평생직장 개념이 사라진 시대다. 직원들이 언제든 이직할 수 있는 상황에서 '역량은 조직의 것'이라고만 주장하면 인재를 잃게 된다. 조직의 자산이면서 동시에 개인의 자산임을 인정해야 한다.

둘째, 전문성이 극도로 특화된 영역이 있다. 특정 기술이나 자격증처럼 개인에게 귀속되는 역량 영역이 분명 존재한다. 이런 역량까지 낱낱이 공유하라고 강제하면 이들의 의욕은 떨어진다.

셋째, 창의성과 혁신은 개인의 독특함에서 나온다. 모든 역량을 조직화한다면 획일화될 위험이 있다. 때로는 조직의 틀을 벗어난, 튀는 개인의 역량이 새로운 혁신을 만든다.

결국 중요한 것은 균형이다. 역량을 개인의 것으로만 보면 조직이 공동화되고, 조직의 것으로만 보면 개인이 소외된다. 역량은 개인과 조직이 함께 가꾸고 함께 누리는 정원과 같다. 리더의 역할은 이 정원이 풍성해지도록 토양을 만드는 것이다.

잠재력:
각성자에서 조성자로

인트로

"당신의 잠재력을 깨워드립니다."

금요일 오후, H 팀장은 회의실에서 신입 사원 3명과 마주 앉았다. 분기 일대일 면담 시간이었다. 그는 평소 인재 개발에 관심이 많았고, 특히 직원의 잠재력 발굴에 자신이 있다고 생각했다.

"김 프로, 잠재력이 뛰어나다고 믿어요. 하지만 아직 그 능력을 제대로 발휘하지 못한 게 문제죠. 내가 숨겨진 재능을 발견하게 돕겠습니다."

김 프로는 어색하게 웃으며 "감사합니다"라고 답했다. 하지만 마음 한편 이상한 생각이 들었다. '내 잠재력을 상사가 깨워준다고?' 대학 시절부터 스스로 공부하고 주도적으로 성장해 온 그였는데, 갑자기 누군가가 나의 잠재력을 운운하니 묘하게 불편했다.

이어진 박 프로와도 비슷한 대화가 이어졌다. "박 프로도 마찬가지예요. 나는 사람을 보는 눈이 있거든요. 박 프로 안에 잠들어 있는 리더십을 일깨워줄 테니까 시키는 대로만 따라오세요."

마지막 면담 상대인 이 프로는 솔직하게 말했다. "팀장님 말씀 감사하지만, 잠재력은 제가 스스로 발견하고 키워가고 싶어요." H 팀장은 당황했다. 선의로 도움을 주려 했는데 왜 이런 반응이 나올까?

사실 H 팀장뿐만 아니라 많은 리더가 선의의 착각에 빠져 있다. '내가 직원의 잠재력을 발견해서 알려줘야 한다'는 생각 말이다. 과연 잠재력은 정말 리더가 깨워줄 수 있는 것일까?

통념 깨기

잠재력 개발은 내 소관이라는 리더의 착각

여러 리더가 직원의 잠재력을 마치 보물찾기 게임의 숨겨진 보석처럼 생각한다. 자신의 특별한 안목으로 직원 안에 잠들어 있는 능력을 발견하고 발현시키는 것이 본인의 역할이라고 믿는다. 직원 육성 측면에서 일견 긍정적으로 들리지만, 이면에는 은밀한 우월감이 숨어 있다. '나는 당신보다 당신을 더 잘 안다' '먼저 경험한 내가 개발시켜 줄 수 있다'는 오만함이다.

이런 리더는 직원과 대화하면서 특정 표현을 자주 사용한다. "당신의 진짜 실력을 보여주세요." "숨겨진 재능을 발휘할 때입니다." "제대로 된 도전 과제를 줘야 각성하겠네요." 같은 말이다. 직원을 단순한 수동적 존재로, 자신을 적극적 각성자로 규정하는 언어다.

잠재력에 대한 이런 인식은 근본적으로 잘못됐다. 에드워드 데시(Edward Deci)와 리처드 라이언(Richard Ryan)의 자기결정이론(Self-Determination Theory)에 따르면, 인간은 본질적으로 자율성·유능성·관계성이라는 세 가지 기본 심리 욕구를 가진 능동적 존재다. 진정한 동기와 성장은 외부에서 주입되는 것이 아니라 개인 내부에서 자발적으로 발현되는 것이라고 말한다.

그럼에도 많은 리더가 여전히 '각성자' 역할에 집착하는 이유는 무엇일까? 이는 통제에 대한 욕구와 관련이 깊다. 직원의 성장을 자신이 주도한다고 믿을 때 리더는 더 큰 존재감과 성취감을 느낀다. 하지만 이런 접근법은 오히려 직원의 주도성을 해치며 잠재력 발현을 방해하는 독이 될 수 있다.

관점 전환

잠재력은 깨우는 것이 아니라 스스로 키우는 것

잠재력을 제대로 이해하려면 먼저 그 정의부터 바꿔야 한다. 잠재력은 '잠들어 있는 능력'이 아니다. 잠재력은 '적절한 조건에서 발현될 수 있는

가능성'이다. 씨앗이 땅속에 묻혀서 잠들어 있는 것이 아니라, 물과 햇빛과 영양분을 줬을 때 싹을 틔우고 가지를 뻗어 꽃으로 피어날 수 있는 생명력을 가지고 있는 것처럼 말이다.

이런 관점에서 보면 리더의 역할은 달라진다. 잠재력을 '깨우는' 각성자가 아니라 '잠재력이 자라날 수 있는' 환경을 만드는 정원사가 되는 것이다. 정원사는 개별 씨앗을 강제로 발아시키지 않는다. 대신 비옥한 토양을 만들고, 적절한 물과 햇빛을 제공하며, 방해 요소를 제거해 준다.

자기결정이론의 세 가지 기본 욕구를 직장 상황에 적용하면 이해가 더 쉬워진다.

자율성(Autonomy): 직원이 스스로 선택하고 결정할 수 있는 영역을 제공하는 것이다. "그 문제는 이렇게 하세요"가 아니라 "목표는 저것인데, 어떤 방법으로 달성할지 구체적으로 생각해 보세요"가 돼야 한다.

유능성(Competence): 직원이 성장하고 있다는 느낌을 받을 수 있도록 알맞은 도전과 피드백을 제공하는 것이다. 너무 쉬운 일도, 너무 어려운 일도 아닌 '도전적이지만 달성 가능한' 과제를 주는 것이다. 정도에 대한 가늠은 직원이 주도하는 대화를 통해서 판단하도록 한다.

관계성(Relatedness): 직원이 팀의 일원으로서 소속감을 느끼고, 자신의 기여가 인정받는다고 느낄 수 있는 환경을 만드는 것이다. 작은 성과라도 의미를 부여하고, 구성원 사이에서 공유해서 값어치 있는 일을 한다는 인식을 북돋아준다.

포천(Fortune) 500 기업을 대상으로 한 실험 연구 결과도 맥을 같이한다. 관리자 25명을 대상으로 '자율성을 지원하는 리더십' 교육을 실시한 결과, 5주 후 해당 관리자의 직원들은 통제 그룹 직원들보다 높은 자율적 동기와 업무 몰입도를 보였다. 잠재력을 '깨우려' 하지 않고 '자라날 환경'을 만들어준 리더의 팀에서 더 큰 성과가 나타난 것이다.

결국 리더의 진짜 역할은 직원의 잠재력을 소유하거나 통제하려 하는 것이 아니라, 그들이 스스로 성장할 수 있는 조건을 만드는 것이다. 이것은 리더의 '겸손함'을 요구한다. 내가 상대방보다 상대방을 더 잘 안다는 교만을 버리고, 각자가 자신만의 고유한 성장 방식과 속도를 가지고 있음을 수용하는 것이다.

뒤집기 실천

잠재력이 자라나는 환경 만들기

그렇다면 구체적으로 어떻게 해야 직원들의 잠재력이 자연스럽게 발현되는 환경을 만들 수 있을까? 거만함을 버리고 겸손함으로 접근하는 실천 방법을 제시한다.

1. '나는 당신을 모릅니다'로 시작하기

가장 먼저 해야 할 일은 자신의 착각과 편향을 인정하는 것이다. 아무리 오랜 경험을 가진 리더라고 해도 직원 개개인의 내면까지 꿰뚫어 볼 수는 없다. 오히려 '나는 이 사람에 대해 모르는 것이 많다'는 겸손함에서 진정한 소통이 시작된다. 즉 선입견을 버리는 것이다.

구체적인 대화 방식을 바꿔보자. “당신의 잠재력을 깨워드리겠습니다” 대신 “당신이 어떤 일에 가장 큰 만족감을 느끼는지 궁금합니다”라고 묻는다. “이렇게 해보세요” 대신 “이런 목표를 달성하려면 어떤 방법이 좋을까요?”라고 질문한다.

최근 만난 어느 IT 기업 개발팀장은 매월 팀원들과 ‘잠재력 탐험’ 시간을 갖는다. 이 시간에는 리더가 직원의 능력을 평가하거나 지시하지 않는다. 대신 직원 스스로가 ‘지난 한 달 중 언제 가장 몰입했는지’ ‘어떤 순간에 가장 큰 성취감을 느꼈는지’ ‘앞으로 어떤 영역에서 성장하고 싶은지’를 이야기하도록 한다. 첫 자리에서 리더는 듣고, 질문하고, 공감할 뿐이다. 함부로 재단하거나 평가하지 않는다.

2. 선택권을 실질적으로 제공하기

자율성은 잠재력 발현의 핵심 조건이다. 하지만 조직에서 ‘선택권 제공’은 사실상 가짜 선택권인 경우가 많다. “A와 B 중 하나를 선택하세요”라면서 리더가 생각한 정답을 정해 두는 식이다.

진정한 선택권은 방법뿐만 아니라 목표 설정 과정에서부터 제공되어야 한다. 한 외국계 광고 회사는 분기별 개인 목표를 설정할 때 독특한 방식을 사용한다. 팀 전체 목표는 주어지지만, 각 개인이 그 목표에 어떻게 기여할지는 스스로 정하도록 한다.

“우리 팀의 분기 목표는 신규 고객 10개사 유치입니다. 이 과장은 이 목표를 달성하기 위해 본인이 어떤 역할을 하고 싶나요?" 이런 방식으로 접근하면 같은 목표라도 개인마다 다른 방법으로 접근하게 되고, 각자의 강점과 관심사가 자연스럽게 발현된다. 물론 단기 성과 위주의 문화가 팽배한 조직인 경우 처음에는 낮은 목표 설정에 골몰할지 모른다. 이럴 경우 목표 설정을 리더와 직원의 일대일 상황이 아니라 팀 전체가 함께하는 자리로 만드는 게 좋다. 공개적으로 서로 목표를 논의한다면 쉽사리 자신만 이익을 챙기기는 어렵게 될 것이다.

3. 실패를 안전하게 만들기

잠재력은 안전한 환경에서 더 잘 자란다. 실패에 대한 두려움이 클수록 사람들은 자신의 진짜 능력을 드러내기보다 안전한 범위 내에서만 움직이려 한다.

어느 제조업체 연구개발팀은 '실패 축하' 행사를 만들었다. 매월 팀 회의에서 '가장 의미 있는 실패상'을 수여한다. 단순히 실패한 것이 아니라, 새로운 시도가 낳은 값진 실패를 인정하는 것이다. 행사가 거듭되고 리더의 일관된 의지가 계속되자 팀원들은 기존 방식에 안주하지 않고 창의적인 접근을 시도하게 되었다.

"실패해도 괜찮다"는 말만으로는 부족하다. 실제로 실패했을 때 어떤 일이 벌어지는지 직원들이 목격해야 한다. 실패한 사람을 비난하는 대신 "무엇을 배웠나요?" "다음에는 어떻게 다르게 접근하겠어요?"라고 묻는 모습을 보여줘야 한다.

4. 성장 과정 가시화하기

사람들은 자신이 발전하고 있다는 느낌을 받을 때 더 큰 동기를 얻는다. 하지만 성장은 대부분 점진적이고 눈에 잘 띄지 않는다. 따라서 리더는 직원들이 자신의 성장을 인식할 수 있도록 도와야 한다.

국내 중소 규모 컨설팅 회사는 '성장 포트폴리오' 시스템을 운영한다. 각 직원이 분기별로 자신의 성장 과정을 정리하는 것이다. 새로 배운 스킬, 완료한 프로젝트, 받은 피드백, 다음 목표 등을 스스로 정리하도록 한다. 리더는 평가하지 않으며, 직원의 성장 스토리를 듣고 인정하는 역할을 한다.

"3개월 전 첫 고객 미팅에서 떨었던 김 매니저가 이제는 프레젠테이션을 리드하고 있네요. 어떤 변화가 있었는지 궁금해요." 이런 식으로 성장을 구체적으로 인정받을 때, 직원은 자신의 잠재력이 실제로 발현되고 있다는 확신을 갖게 된다.

5. 연결고리 만들기

관계성 욕구를 충족하려면 개별 직원의 성장이 팀과 조직의 성공과 어떻게 연결되는지 보여줘야 한다. 개인의 발전이 고립된 것이 아니라 더 큰 의미와 연결돼 있을 때 사람들은 더 큰 동기를 느낀다.

한 국내 스타트업 CEO는 격주로 '임팩트 스토리' 시간을 운영한다. 각 팀원이 지난주 자신의 작업이 고객이나 회사에 어떤 긍정적 영향을 미쳤는지 공유하는 시간이다. 개발자는 "내가 수정한 버그 덕분에 고객 불만이 20% 줄었어요", 마케터는 "우리 캠페인을 본 고객이 감사 메일을 보내

왔어요"와 같은 이야기를 나눈다.

이런 과정을 통해 직원들은 자신의 작은 기여가 작지 않은 의미를 만들어내고 있음을 느끼게 되고, 이를 조직 내 확산하면서 내재적 동기를 크게 강화한다. 좋은 사례는 전사 공유를 통해 확장된 의미감을 제공한다.

6. 정기적으로 환경 점검하기

잠재력이 자라날 환경을 만드는 것은 일회성 작업이 아니다. 지속적으로 환경을 점검하고 개선해야 한다. 정원사가 계절마다 토양 상태를 확인하고 필요한 영양분을 보충하듯이, 리더 역시 팀의 환경을 주기적으로 점검해야 한다.

분기별로 팀원들에게 익명으로 다음 질문들을 던져보라. "업무에서 자율성을 충분히 느끼고 있나요?" "본인의 성장을 실감하고 있나요?" "팀의 일원으로서 소속감을 느끼나요?" 답변을 통해 환경의 어떤 부분을 개선해야 할지 파악할 수 있다.

중요한 것은 대답을 들은 순간 바로 방어하지 않는 것이다. "그런데 왜 그렇게 생각하세요?"라고 따지는 대신 "어떻게 하면 더 나아질 수 있을까요?"라고 묻는 자세가 필요하다.

한 줄 성찰

"개별적으로 잠재력을 깨우는 것이 아니라 스스로 자라날 수 있도록 환경을 만드는 게 중요하다."

반전에 반전

그럼에도 때로는 리더가 직접 개입해야 하는 순간이 있다.

첫째, 직원이 스스로에 대한 부정적 신념에 갇혀 있을 때다. "저는 리더십이 없어요" "창의성은 제 전공이 아니에요"와 같은 자기 제한적 믿음이 강할 때는 리더가 이를 깨뜨릴 수 있는 경험을 의도적으로 제공해야 한다. 다만 이때도 "당신은 리더가 될 수 있어요"라고 말하는 것보다 실제로 리더십을 발휘할 작은 경험의 기회를 주는 것이 효과적이다.

둘째, 직원이 성장의 방향을 찾지 못해 혼란스러워할 때다. 자율성은 중요하지만 때로 너무 많은 선택지가 오히려 혼란을 가중할 수 있다. 특히 신입 사원이나 새로운 분야에 도전하는 직원에게는 어느 정도의 가이드라인과 구체적인 방향 제시가 우선 필요하다.

셋째, 조직이 처한 긴급한 상황에서 빠른 성과가 필요할 때다. 위기 상황에서 자율적 성장을 기다릴 여유가 없을 수 있다. 이때는 단기적으로 더 직접적인 지시와 멘토링이 필요할 수 있다. 다만 위기가 지나면 다시 자율적 환경으로 돌아가야 한다.

결국 리더의 지혜는 언제 환경을 조성하고 언제 직접 개입할지를 아는 데 있다. 기본 원칙은 항상 '자율적 성장'이지만, 상황에 따라 유연하게 접근하는 것이 핵심이다.

몰입:
방해만 없애면 만사형통

인트로

"제발, 조용히 일하게 좀 놔두세요."

화요일 오전 10시, J 팀장은 팀 회의를 소집했다. 분기 목표 달성률이 60%에 그친 상황을 논의하기 위해서다. 그런데 회의 시작부터 팀원들의 불만이 터져 나온다.

"회의가 너무 많아요. 집중할 시간이 없어요." 김 차장이 먼저 입을 열었다.

"이메일 답장하고, 메신저 확인하고, 보고서 쓰다 보면 정작 내 업무에 집중할 시간이 없습니다." 박 과장도 거들었다.

J 팀장은 고개를 끄덕였다. 최근 관리자 교육에서 "팀원들이 몰입할 수 있도록 방해 요소를 제거하라"는 이야기를 들은 터였다. 그는 과감한 결정을 내렸다. 주간 회의를 격주 회의로 바꾸고, 오전 10시부터 12시까지 '집중타임'으로 정해 호출을 자제했다. 심지어 사무실 한쪽에 칸막이를 설치해 '몰입 존'을 만들기까지 했다.

한 달이 지났다. J 팀장은 기대에 부풀어 팀원들을 불러 물었다. "이제 좀 나아졌나요?"

하지만 돌아온 반응은 예상 밖이었다. "음…. 방해는 덜 받는데, 뭔가 여전히 일이 손에 안 잡혀요." 김 과장이 난처한 듯이 말했다. "오히려 혼자 있으니까, 더 무기력해지는 것 같아요." 박 과장도 동의했다.

J 팀장은 혼란스러웠다. 방해 요소를 없앴는데, 왜 팀원들은 여전히 몰입하지 못하는 걸까?

통념 깨기

환경을 만들면 몰입은 저절로 된다

흔히들 몰입을 '집중'과 같은 개념으로 착각한다. 조용한 환경, 충분한 시간, 방해하지 않는 동료만 있으면 몰입할 수 있다고 믿는다. 그래서 회의를 줄이고, 메신저를 끄고, 독립적인 공간을 제공하면 문제가 해소될 거로 생각한다.

이는 몰입의 본질을 완전히 오해한 것이다. 몰입(flow)을 연구한 심리학자 미하이 칙센트미하이(Mihaly Csikszentmihalyi)에 따르면, 몰입은 단순히 방해받지 않는 상태가 아니다. 몰입은 과제의 도전성과 개인의 역량이 절묘하게 균형을 이룰 때 발생하는 최적의 경험 수준이다.

그의 연구에서 가장 중요한 발견은 바로 이것이다. 업무가 너무 쉬우면 지루함이 찾아오고, 너무 어려우면 불안감이 엄습한다. 몰입은 이 두 극단 사이의 좁은 채널에서만 발생한다. 즉 도전적이지만 달성 가능성이 있는 과제를 수행할 때 비로소 몰입 상태로 진입한다는 말이다.

실제로 그가 예술가·운동선수·외과의사 등을 연구한 결과, 몰입을 경험하는 순간은 조용히 혼자 있을 때가 아니었다. 오히려 긴장감 있는 도전과 즉각적인 피드백이 주어지는 상황에서 몰입이 발생했다. 수술실의 외과의사는 생명이 걸린 긴박한 상황에서, 운동선수는 경기 중 관중의 함성 속에서, 예술가는 작품이 제대로 구현되지 않는 좌절과 씨름하면서 몰입을 경험했다.

그럼에도 여러 리더가 '방해만 없으면 몰입할 수 있다'는 믿음에 집착하는 이유는 무엇일까? 이는 몰입을 '개인'의 의지나 집중력 문제로 치부하려는 경향 때문이다. '집중력이 약해서' '의지가 부족해서' 몰입하지 못한다고 생각하면, 리더는 책임에서 순간은 자유로워진다. 하지만 진실은 다르다. 몰입하지 못하는 이유의 대부분은 '업무 설계'가 잘못됐기 때문이다.

또한 업무가 반복적이고 단조로워 도전감이 없거나, 반대로 역량을 훨씬 뛰어넘는 과제를 던져주거나, 명확한 목표와 피드백 없이 막연하게 "알아서 해봐"라고 말하는 것. 이것들이 몰입을 가로막는 또 다른 원인이다.

관점 전환

몰입은 설계하는 것이다

몰입을 제대로 이해하려면 칙센트미하이가 제시한 몰입의 조건을 살펴봐야 한다.

그는 몰입 상태에 진입하기 위한 여덟 가지 핵심 요소를 제시했다.

명확한 목표: '이 일을 왜 하는지, 무엇을 달성해야 하는지'가 분명해야 한다.

즉각적 피드백: 내가 잘하고 있는지, 방향을 수정해야 하는지 실시간으로 알 수 있어야 한다.

도전과 역량의 균형: 너무 쉽지도, 너무 어렵지도 않은 적정 난이도여야 한다.

행동과 인식의 통합: 생각하고 행동하는 것이 자연스럽게 이어져야 한다.

집중의 자동화: 의식적으로 집중하려 애쓰지 않아도 자연스럽게 몰두하게 된다.

통제감: 내가 상황을 통제하고 있다는 느낌을 받아야 한다.

자아의 소멸: 자의식이 사라지고 과제와 하나가 되는 경험을 한다.

시간 감각의 변화: 시간 가는 줄 모르거나 시간이 느리게 가는 것처럼 느껴진다.

이 조건들을 보면 한 가지가 명확해진다. 몰입은 개인의 노력만으로 만들어지는 것이 아니라, 업무가 어떻게 설계됐느냐에 달려 있다는 것이다. 아무리 의지가 강한 사람도, 목표가 불분명하고 피드백이 없으며 난이도가 맞지 않는 업무에서는 몰입할 수 없다.

여기서 리더의 역할이 분명해진다. 리더는 몰입이 발생할 수 있는 조건을 설계하는 건축가가 돼야 한다. 방해 요소를 제거하는 수동적 관리자가 아니라, 적절한 도전과 피드백을 제공하는 능동적 설계자여야 한다.

예를 들어 조립 라인에서 일하는 두 명의 작업자를 생각해 보자. 같은 일을 하지만 한 명은 매일 지루해하고, 다른 한 명은 몰입하며 일한다. 차이는 무엇일까? 칙센트미하이의 연구에 따르면, 몰입하는 작업자는 스스로 목표를 설정했다. '오늘은 어제보다 5개 더 빨리 조립하기' '불량률을 0.5% 낮추기' 같은 자기의 도전 과제를 만들어 게임처럼 즐긴 것이다.

이것이 핵심이다. 몰입은 외부 조건이 완벽할 때가 아니라, 일 자체가 적절한 도전과 성장을 제공할 때 발생한다. 리더의 역할은 팀원들을 방해하지 않는 것이 아니라, 그들이 적절한 도전과 성장을 경험할 수 있도록 업무를 설계하는 것이다.

뒤집기 실천

몰입을 설계하는 여섯 가지 방법

그렇다면 리더는 구체적으로 어떻게 구성원이 몰입할 수 있는 업무 환경을 설계할 수 있을까? 방해 요소를 제거하는 것을 넘어, 몰입의 조건을 적극적으로 만드는 실천 방법을 제시한다.

1. 개인별 도전 수준을 파악하고 맞춤형 과제 부여하기

몰입의 핵심은 도전과 역량의 균형이다. 같은 과제라도 사람마다 느끼는 난도는 다르다. 신입 사원에게 엄청난 도전이 5년 차 직원에게는 지루한 반복 작업일 수 있다.

어느 IT 스타트업은 '도전 수준 대화'를 중간 성과 면담 시 포함한다. 리더가 팀원에게 묻는다. "지난 분기 업무 중 가장 몰입했던 순간은 언제였나요? 그때 과제의 난이도는 어땠나요?" 이 대화를 통해 각 팀원이 느끼는 적정 도전 수준을 파악하고, 다음 분기 과제를 설계한다.

"김 대리는 데이터 분석에서 몰입을 경험했다고 했죠. 이번에는 한 단계 더 나아가 예측 모델링까지 해보는 건 어떨까요? 제가 초기에 방향을 잡는 걸 돕겠습니다."

중요한 것은 과제를 던지기 전에 본인이 어떻게 느낄지 확인하는 것이다. "이 일, 너무 쉬울 것 같아요? 적당히 도전적인가요? 아니면 불안할 정도로 어려워 보이나요?" 이 간단한 질문만으로도 몰입 수준을 크게 높일 수 있다.

2. 명확한 목표와 의미 함께 제시하기

"이 보고서 다음 주까지 작성해 주세요"라는 지시와 "우리가 신규 시장 진출을 결정하려면 경쟁사 분석이 필수인데, 최 팀장이 그 보고서를 만들어주면 이사회에서 의사결정의 핵심 자료가 될 겁니다"라는 설명은 완전히 다르다.

몰입하려면 내가 하는 일이 왜 중요한지, 어떤 영향을 미치는지 알아야 한다. 국내 어느 제조업체는 '업무 목적 카드'를 도입했다. 모든 과제에 세 가지를 명시한다. 첫째, 이 일의 최종 목표. 둘째, 조직에 미치는 영향. 셋째, 담당자가 이 일을 통해 얻을 수 있는 성장. 이를 목표 설정 시기마다 1년에 한 번씩 리뷰한다.

"이번 품질 개선 프로젝트의 목표는 불량률 3% 감소입니다. 이것이 달성되면 연간 5억 원의 비용 절감 효과가 있고, 담당자는 품질관리 역량을 크게 향상할 수 있습니다."

3. 즉각적이고 건설적인 피드백 시스템 구축하기

몰입 상태 중에는 내가 잘하고 있는지 실시간으로 알 수 있어야 한다. 한 달 뒤 평가가 아니라 지금, 이 순간 방향이 맞는지 확인할 수 있어야 한다.

어느 건설회사 마케팅팀은 아침마다 '데일리 체크인'을 운영한다. 3분간 각자 어제 한 일, 오늘 할 일, 막히는 부분을 짧게 공유한다. 리더는 즉각적으로 피드백을 준다. "어제 작성한 카피 방향이 정확해요. 그대로 밀고 가세요" 또는 "타깃 고객층이 조금 어긋난 것 같은데, 이렇게 수정해 보면 어떨까요?"

중요한 것은 피드백이 판단이 아니라 방향 제시여야 한다는 점이다. "이건 틀렸어요"가 아니라 "이 부분을 이렇게 조정하면 목표에 더 가까워질 거예요"라고 말하는 것이다. 리더의 말은 지적이나 비난이 아닌 내비게이션 역할을 해야 한다.

4. 업무에 자율성과 통제감 부여하기

몰입하려면 내가 상황을 통제하고 있다는 느낌이 필요하다. 모든 것이 정해져 있고 시키는 대로만 해야 하는 업무라면 몰입이 불가능하다.

몇몇 IT 기업은 '프로젝트 오너십' 제도를 도입했다. 프로젝트를 맡은 사람이 방법, 일정, 협업 방식을 스스로 정한다. 프로젝트 매니저는 목표와 제약 조건만 제시하고, 나머지는 담당자가 설계한다.

"이번 캠페인의 목표는 브랜드 인지도 20% 상승입니다. 예산은 5000만 원이고, 기한은 2개월입니다. 어떤 방식으로 진행할지, 누구와 협업할지, 어떤 채널을 활용할지는 스스로 결정하세요. 내가 할 일은 계획을 듣고 필요한 지원을 하는 것입니다."

자율성은 맘대로 할 수 있는 자유를 주는 것이 아니다. 명확한 목표 안에서 방법을 선택할 수 있는 권한을 주는 것이다.

5. 진행 상황을 가시화하고 작은 성취 축하하기

몰입은 성장하고 있다는 느낌에서 증폭된다. 하지만 대부분의 업무는 진행 과정이 눈에 보이지 않는다. 그래서 자신이 발전하고 있는지 알 수 없고, 동기가 떨어진다.

어느 소프트웨어 개발팀은 온라인 '진척도 보드'를 팀 상황판처럼 운영한다. 프로젝트를 아주 작은 단위로 나누고, 완료할 때마다 체크한다. 단순해 보이지만 효과는 강력하다. "이번 주에 3개나 완료했네!" 하는 작은 성취감이 쌓여 몰입을 유지하게 한다.

리더는 이 작은 성취를 각각 인정하고 축하해 줘야 한다. "이번 달에 모듈 4개를 완성했네요. 계획보다 2개나 빨라요. 이 속도면 다음 주에는 테스트 단계로 넘어갈 수 있겠어요." 큰 성취를 거둔 이들은 작은 성공을 통해 성공 근육을 키워온 이들이 대부분이다.

6. 몰입을 방해하는 구조적 문제 제거하기

지금까지 몰입을 만드는 방법을 이야기했다면, 이제는 몰입을 막는 장애물을 제거하는 방법이다. 여기서 말하는 방해는 단순히 소음이나 인터럽트(interrupt)가 아니다. 구조적으로 몰입을 불가능하게 만드는 요소다.

첫째, 멀티태스킹을 강요하는 문화다. 동시에 3개 프로젝트를 맡기면 어느 것에도 몰입할 수 없다. 한 컨설팅 회사는 '1인 1프로젝트' 원칙을 도입했다. 한 번에 하나의 핵심 과제만 맡고, 완료해야 다음 과제를 받는다.

급한 여건이라면 다른 프로젝트에 투입될 수 있지만 중요 업무에는 포함하지 않는다.

둘째, 모호한 우선순위다. "다 급해요"라는 말은 결국 "뭘 먼저 해야 할지 모르겠어요"와 같다. 명확한 우선순위를 정해 주는 것만으로도 몰입 가능성은 높아진다.

셋째, 과도한 보고와 회의다. 30분 일하고 1시간 보고하면 몰입은 불가능하다. 어느 제조업체는 '주간 보고 한 번' 원칙을 세웠다. 가능한 한 잦은 호출은 자제하며, 집중력 높은 보고회를 한 번만 진행하는 방식이다.

한 줄 성찰

"몰입은 방해받지 않는 조건이 아니라, 도전과 역량이 균형을 이루는 업무 설계에서 나온다."

반전에 반전

그럼에도 때로는 방해 요소를 제거하는 것만으로 충분한 경우가 있다.

첫째, 이미 완벽하게 설계된 업무를 수행 중인데 외부 인터럽트가 과도한 경우다. 프로그래머가 코드를 짜고 있는데 고객으로부터 10분마다 메신저가 온다면, 업무 설계보다 방해 제거가 우선이다. 이때는 집중타임이 효과적이다.

둘째, 급격한 환경 변화로 인한 스트레스 지수가 높을 때다. 사무실 이전, 조직개편 등으로 불안정한 상황에서는 일단 안정적인 환경부터 만들어야 한다. 이때는 조용한 공간, 예측 가능한 루틴이 도움이 된다.

셋째, 창의적 사고가 필요한 초기 아이디어 단계다. 브레인스토밍이나 전략 수립 같은 작업은 오히려 혼자만의 시간이 필요하다. 이때는 방해받지 않는 환경이 중요하다.

결국 몰입의 기본은 항상 '적절한 도전을 제공하는 업무 설계'이지만, 상황에 따라 방해 요소 제거도 병행할 필요가 있다. 몰입은 적극적으로 만드는 것이지, 환경을 세팅한 후 기다리는 것이 아니다.

02
PART

업무

편

계획:
실행과 동전의 양면

인트로

시작이 반이다?

공기업 10년 차 K 팀장은 대표 교체 후 분주해졌다. 업무 보고와 회의가 이어졌다. 당연히 그동안 해결하지 못했던 당면 과제를 보고하고 현재 프로젝트의 중요성을 강조했다.

다른 기관보다 앞서 준비했던 디지털전환(DT) 프로젝트는 올해 안에 모든 문서 업무를 클라우드 기반으로 전환하는 것을 목표로 했으나 1년 반

넘게 진전이 없다. 우선순위에서 제외돼 예산 확보가 미뤄지는 사이 직원들은 여전히 종이 문서와 이메일로 업무를 처리하고 있다.

사내 커뮤니케이션 개선을 위한 협업 툴을 도입하자는 제안 역시 예산 부족으로 기본형 툴만 급히 도입한 탓에 활용도가 낮았다. 직원을 위한 교육마저 예산 문제로 진행하지 못해 업무는 기존 방식에서 벗어나지 못하고 있다. K 팀장의 팀은 대외협력 업무부터 경영평가, 데이터관리, 정보화 업무까지 맡고 있다. 과중한 업무로 팀원들의 불만이 커지고 있다.

"팀장님, 우리 회사는 업무의 생산성과 보안을 위해 꼭 필요한 투자도 당장의 성과가 없으면 결정을 미루는 게 현실이군요. 장기적으로 꼭 필요한데 계획과 예산이 승인되지 않아 안타깝습니다."

K 팀장은 오랫동안 품고 있던 프로젝트 계획을 진작부터 수립해 놓은 만큼 시작이 반이라고 생각하고 있었다. 하지만 더딘 진행에 팀원들은 지치기 시작했고, 내부에서 추진 동력까지 꺼져가고 있는 것 같은데 과연 이번 프로젝트를 무사히 마무리할 수 있을지 막막하기만 하다.

통념 깨기

시작은 계획의 일부일 뿐

일의 시작은 계획으로부터 나온다. 하지만 계획이란 앞으로 나가야 할 여정 앞에 서 있는 것이다. 대부분의 조직에서는 계획이 8할이라고 하나, 계획을 시작할 수 있는 조직의 결정이 먼저 있어야 할 것이다.

계획은 실행(實行)을 위해 존재한다. 실행(력)이란 어떤 계획이나 아이디어, 결심을 행동으로 옮기는 능력이나 힘을 말하며 생각에서 그치지 않고 실제로 행동에 옮겨서 결과를 만드는 것이다.

그렇다면 앞선 상황은 어떻게 해야 할까? 디지털전환 프로젝트는 조직에 반드시 필요했다. 계획을 수립했지만 예산 확보, 추진 일정 등 논의만 한없이 반복되고 있다. 아무리 좋은 계획도 변화에 대한 저항과 조직의 무관심이 팽배하다면 실행되기 어렵다. 결정할 책임자가 없었고 우선순위에도 밀려 계획대로 실행에 이르기까지 긴 시간이 걸릴 것이다. 실제 해당 기관에는 과정을 책임지고 진행할 전담 부서마저 없었다. 예산 확보도 어려워 얼마간 확보한 예산마저 집행이 늦고 과업 수행이 지연되며 해마다 담당자가 바뀌었다. 계획은 있었는데 실행이 감감무소식이다.

관점 전환

계획은 실행을 전제로 한다

계획은 시작이 아니다. 실패하는 계획은 실행 책임의 부재에서 온다. 구체적인 실행 계획이 부족하고, 리더의 관심이 부족하고, 조직문화는 과거 관성대로 흘러갈 가능성이 높다.

계획의 출발은 실행이다. 계획은 반드시 실행할 수 있도록 현실적인 준비가 함께 이뤄져야 한다. 계획은 기획과 실행 사이에 있으며 계획과 실행은 동일 선상에 있기보다 기획-계획-실행이 차례대로 맞물려 돌아가며 결과로 나타난다. 계획은 실천을 염두에 둔 기획에서 나온다. 따라서 실행 가능성 낮은 계획을 세우고 있다면 그만 멈춰야 한다.

조직이 우선해야 할 점은 계획을 잘 세우는 것보다 계획을 실행으로 연결하는 체계로 전환하는 것이다. 즉 계획은 행동으로 이어져야 한다는 사고와 이를 뒷받침하는 시스템을 조직에 내재화해야 한다.

뒤집기 실천

완벽한 계획은 없다

대부분의 조직에서 계획은 매년 일어나는 일이며 아이디어를 내고 데이터를 모으고 전년도 사업 분석을 마치고 심사숙고 끝에 수립한다. 따라서 다수는 계획이 준비 단계에서 완벽해야 한다고 믿는다. 계획은 실행을 위한 것이며 실행은 목표 달성을 통해 성과를 내기 위한 것이다. 그렇기에 계획은 완벽하지 않아도 된다. 사실 완벽한 계획이란 없다. 단지 완벽한 실행이 있을 뿐이다. 완벽한 실행을 위해 몇 가지 짚고 넘어가자.

1. 계획은 행동의 출발점이다

계획은 완벽한 문서가 아니라 행동을 시작하게 만드는 도구다. 계획을 수립했다면 작은 단위의 행동으로 쪼개고 바로 시작할 수 있는 것부터 우선해 움직여야 한다.

디지털전환을 위한 계획의 경우 수립 후 실무자 간 회의를 통해 도입

일정을 검토하고 직속 상사에게 보고해 팀 간 협력을 위한 협의를 거친다. 언제든지 실행할 수 있도록 사전 준비를 마치는 것이다.

2. 어떻게 할 것인지에 집중한다

계획을 실행할 때는 책임을 분명히 해야 한다. 실무자는 계획 수행 단계에서 일정을 지키고, 성과 지표와 연결하는 실행력을 갖추도록 준비를 마쳐야 한다. 다만 실행을 어떻게 하면 더 효율적일지 먼저 생각하는 것이 바람직하다.

디지털전환 프로젝트와 사내 커뮤니케이션 개선의 경우 시스템 구축과 이를 조직에 전파해 활용하는 것은 업무상 구분돼야 한다. 구축에 힘을 뺀 인력들이 전이 활동까지 맡는다면 분명 과부하가 걸릴 것이다. 각자 맡은 분야를 책임질 수 있는 만큼 맡고 조직이 이를 잘 배치, 활용하는 것이 지향점이 돼야 한다.

3. 실행 과정을 우선한다

조직이 결과만 평가하면서 계획에 따른 과정을 무시하는 경향이 있다. 실행 과정에서 작은 진전을 인정하고 공유하면 실행의 중요성이 조직의 문화로 자리 잡을 수 있다. 작은 성공을 널리 칭찬하고 인정하는 분위기가 자리 잡을 수 있어야 한다.

디지털전환 프로젝트는 이를 통해 얻을 수 있는 장점을 설명하고 충분히 활용할 수 있는 교육을 추가해야 한다. 시범적으로 활용한 조직의 모범 사례를 종종 공유하는 것은 기대효과에 대한 관심을 불러일으키고 전환 성공률을 높일 수 있다.

4. 계획의 실패는 낭비가 아닌 학습이다

계획이 실행되지 않은 이유는 계획이 부족해서가 아닌 실패를 두려워한 데 있다. 조직은 실패를 허용하고, 실패에서 배운 점을 공유하는 문화가 있어야 실행이 활발히 이뤄질 수 있다.

사내 커뮤니케이션 개선은 제도 도입에 참여한 실무자의 노력을 알리기 위해 전 직원이 참석하는 월례 회의를 통해 도입 과정을 공유하고 학습의 경험으로 삼는 게 좋다. 물론 실행 후 실패 사례는 부주의한 실수 또는 태만이 불러온 실수와 분명히 구분해 공유할 필요가 있다.

5. 리더는 계획이 반드시 실행될 수 있도록 밀어붙인다

리더가 계획을 승인만 하고 실행 여부를 챙기지 않으면 조직은 절대 움직이지 않는다. 따라서 리더는 계획을 세우는 사람이 아니라 실행을 끝까지 밀어주는 사람이라는 인식 전환이 필요하다. 이를 위해 실행 점검 회의를 정례화하고 전 과정을 책임지는 태도가 필요하다.

디지털전환의 경우 다년간 예산 확보를 위해 노력했으나 진전이 없었다. 새로운 대표이사가 취임하고 업무 보고에서 프로젝트의 중요성을 알리고 예산 확보를 위해 노력한 부분은 리더로서 해야 할 행동이었다. 상위 리더십 교체에 어수선한 분위기가 있었다곤 하나 그랬다면 오히려 취임 초기부터 강하고 일관되게 제대로 된 실행을 어필하는 노력이 있어야 한다.

6.실행적 사고를 하는 균형감을 갖춘다

조직은 작은 프로젝트라도 실행해 보고, 결과를 피드백으로 계획에 반영하는 순환 구조를 가져야 한다. 계획과 실행이 서로 피드백을 주고받는 구조가 필요하다. 과거에는 시작하면 결과가 나올 때까지 기다리는 선형적 프로세스에 그쳤다. 지금은 때때로 리뷰를 거쳐 실행상의 이슈를 논의하고, 그 결과에 따라 다음 계획을 수정할 수 있는 유연한 자세가 필요하다.

한 줄 성찰

"계획은 시작에 불과하며 오직 실행으로 완결성이 증명된다."

반전에 반전

그럼에도 계획은 모든 일의 시작이기에 실행되지 않더라도 충분히 의미가 있다.

첫째, 모든 일의 시작에 앞서 계획은 첫 단추이자 핵심이다. 계획은 언제나 실행을 앞서기에 때로는 과감하고 도전적인 계획도 필요하다. 디지털전환 프로젝트 역시 철저한 준비와 계획이 있었기에 설득과 협력을 통해 시작해 볼 수 있었다.

둘째, 조직 생활에서 혼자 세우는 계획은 의미 없다. 철저히 분석하고 기획하고 준비해 계획을 세웠다면 뒷받침해 줄 아군을 확보하자. 우리를 돕는 사람들은 계획을 실행으로 이어지게 만드는 사다리다. 계획 수립은 조직 내 일관된 언어 체계를 만드는 작업이기도 하다.

셋째, 때때로 실행되지 않는 계획도 세워야 한다. 조직은 당면 과제만 해결하는 곳이 아니다. 때로는 꼭 필요하지만 당장 실행할 수 없는 과감하고 도전적인 계획도 있어야 한다. 미리 준비하는 계획이 조직에 꼭 필요한 것이라면 철저하게 준비해 반드시 실행할 수 있도록 대비해야 한다. 당장은 아니더라도 좋은 계획을 만드는, 의미 있는 기획의 경험 누적은 조직의 혁신을 끌어낼 수 있다.

업무 배분:
일 나누기의 보이지 않는 룰

인트로

'일 맡기기가 왜 이렇게 어려울까?'

회의에서 신규 프로젝트 이야기가 나오면 리더는 머릿속이 복잡해지기 시작한다. '이거 누구한테 줘야 하지?' 김 과장은 팀 내 에이스지만 요즘 야근에 지쳐 보인다. 박 차장은 경험이 풍부하지만, 꼼꼼한 성격 탓에 시간이 오래 걸린다. 갓 들어온 신입 사원은 열정적이지만 아직 역량이 부족하다. 정 대리는 괜찮은데 이직 준비 중이라는 소문이 돈다.

일을 맡길 때 실력보다 더 중요한 건 '현재 상황'이다. 아무리 능력 있는 사람이라도 개인사가 복잡하거나 다른 업무에 치여 있으면 제대로 해낼 수 없다. 그렇다고 귀찮다며 혼자 처리하면 팀원들은 성장 기회를 잃고, 자신만 계속 과로에 시달린다.

담당자를 정해도 끝이 아니다. 좋은 프로젝트가 특정인에게만 집중되면 다른 팀원들이 불만을 품는다. 반대로 힘든 업무만 한 사람이 떠안으면 당사자가 억울해한다. 완벽하게 공평할 수는 없어도, 팀원들이 '그럭저럭 균형 잡혀 있네'라고 느낄 정도는 맞춰야 한다.

업무 배분은 단순한 일감 나눔이 아니라 팀 전체의 화합까지 고려해야 하는 세심한 작업이다.

통념 깨기

지난번에 했던 일이니 또 맡긴다

회의가 끝나면 자연스럽게 '김 과장이 하면 되지. 지난번에도 잘했잖아' 하는 생각이 든다. 따로 설명할 필요 없고 결과도 예상 가능하니 가장 안전한 선택처럼 보인다. 많은 리더가 '검증된 사람에게 반복해서 맡기는 게 확실하다'고 여긴다.

여기엔 함정이 있다. 계속 같은 사람에게 맡기다 보면 그건 전략적 선택이 아니라 그냥 편의주의가 된다. 일을 맡는 팀원도 처음엔 '나를 신뢰하는구나' 생각하지만, 몇 번 반복되면 '왜 나만 계속 이 일을 해야 하지?

독박 쓰는 거 아닌가?' 라는 의구심이 생긴다.

문제는 여기서 그치지 않는다. 이런 방식은 시간이 지날수록 팀의 역량 균형을 무너뜨린다. 독일 빌레펠트 대학의 믈레쿠스와 마이어(Mlekus & Maier, 2021)가 수행한 메타분석에 따르면, 다양한 업무를 경험한 구성원일수록 학습 효과와 발전이 두드러졌지만, 동일 유형의 업무만 반복하는 환경에서는 학습 효과가 현저히 낮았다. 결과적으로 팀 내 역량 격차는 더 벌어지고, 특정 인력에 대한 의존도만 높아져 팀 전체를 취약하게 만든다.

리더는 솔직하게 자문해야 한다. '내가 편해서 맡기는 건가, 정말 이 사람에게 의미 있는 기회가 되기 때문인 건가?'

관점 전환

기회를 순환하고, 성장의 관점으로 접근하라!

그렇다면 어떻게 해야 할까? 사고방식부터 바꿔야 한다. '누가 가장 잘하지?'가 아니라 '이번엔 누구를 성장시킬까?'를 먼저 생각해 보는 것이다.

핵심은 팀의 잠재력을 최대한 끌어내는 데 있다. 가장 능숙한 사람에게만 의존하면 나머지 팀원들의 숨겨진 재능을 발견할 기회를 놓친다. 오히려 예상치 못한 곳에서 놀라운 성과가 나올 수 있기 때문이다.

중요한 건 '이 일을 통해 무엇을 배울 수 있을까?' 하는 학습 중심 사고를 갖는 것이다. 완벽한 결과보다 과정에서 얻는 경험과 노하우에 집중하면, 팀 전체의 문제 해결 능력과 창의성이 한 단계 향상된다. 물론 '불공평하다고 생각하지 않을까?' 하는 걱정이 들 수 있다. 하지만 일터에서 진정한 공정함은 똑같이 나눠주는 게 아니라, 성장 가능성과 발전 단계를 고려해 전략적으로 배분하는 것이다.

신입 사원에게는 기초 역량을 쌓을 기회를, 경력자에게는 리더십을 발휘할 기회를 주는 식으로 말이다. 이렇게 하면 팀원들도 '내가 성장하면 더 좋은 기회를 얻을 수 있구나' 하고 생각하며 자연스럽게 받아들이기 쉽다.

뒤집기 실천

효율의 함정에서 벗어나는 법

잘못된 업무 배분은 팀을 무너뜨린다. 특정 인력에게 업무가 집중되고 나머지는 소외되며, 결국 핵심 인력이 떠나면 모든 것이 멈춘다.

해결책은 관점의 전환에 있다. 효율성에서 성장성으로, 개인 역량 의존에서 팀 역량으로 시선을 바꿔야 한다. 문제는 대부분의 리더가 전환의 필요성은 인식하지만, 구체적 방법을 모른다는 것이다. 당장의 성과 압박 속에서 새로운 시도는 부담스럽고 위험해 보인다. 그래서 익숙한 방식을 반복하며 똑같은 문제에 부딪히는 악순환이 이어진다.

다행스럽게도 이런 악순환을 끊을 수 있는 괜찮은 방법이 존재한다. 다음은 현장에서 바로 적용할 수 있는 실용적 도구들이다.

1. 배분 근거를 반드시 설명하라

단순히 "이거 해주세요"라고 던지는 것, 이게 바로 가장 흔한 소통의 오류다. 특히 2030 직원은 자신이 납득할 수 있는 일만 진짜 '내 일'로 받아들인다. 상사가 준 업무가 아니라, 자신의 역량과 연결되는 합리적 이유가 있어야 한다는 뜻이다.

"이번 프로젝트는 데이터 분석이 핵심인데, 이 부분에서 김 과장님 실력이 뛰어나잖아요." 이런 식으로 구체적 근거를 제시하면 여러 효과가 생긴다. 담당자는 자신의 전문성이 인정받는다는 자신감을 얻고, 다른 팀원들도 '아, 그래서 저 사람에게 맡겼구나'라며 자연스럽게 수긍한다.

반면 이유 없이 업무를 배정하면 어떨까? 담당자는 '왜 하필 나야?' 하는 불만을 품거나 '만만해 보여서 시키나?' 하는 의구심을 갖는다. 결국 억지로 하는 일이 돼버리고, 제대로 된 성과를 기대하기 어려워진다.

2. 고정 역할을 깨고 순환시켜라

많은 팀에서 볼 수 있는 전형적인 모습이 있다. '정리는 늘 김 과장 발표는 박 차장 회의록은 이 사원'처럼 역할이 완전히 고착된 것이다. 이런 패턴이 지속되면 각자는 자신의 전문 영역에서만 실력이 늘고, 다른 영역을 경험할 기회를 잃는다. 더 큰 문제는 같은 일만 반복하다 보면 흥미를 잃고 매너리즘에 빠진다는 점이다.

해결책은 의외로 간단하다. 프로젝트 전체를 한 사람에게 맡기지 말고, 그 안의 세부 업무들을 순환시키는 것이다. 이번에는 A가 기획, B가 실행, C가 검토를 맡고, 다음 프로젝트에서는 역할을 바꿔서 진행하는 식이다. 이렇게 하면 두 가지 큰 변화가 일어난다. 먼저 팀원들이 새로운 영역을 배우면서 개인 역량이 확장된다. 그리고 팀 차원에서는 한 사람이 없어도 일이 돌아가는 안정성을 확보한다. 작은 역할 변화만으로도 새로운 도전의 재미가 생기고, 서로의 일하는 방식과 노하우를 자연스럽게 공유하는 문화가 형성된다.

물론 급한 납기에 쫓기는 상황이라면 업무 전체 말고 여유 있는 업무부터 단계적으로 접목하는 것이 좋은 방법이다.

3. 기회 배분의 원칙을 세워라

좋은 기회가 계속 특정인에게만 돌아가는 상황을 생각해 보자. 중요한 프로젝트 추진, 임원 앞 발표, 외부 교육 기회 등이 항상 같은 사람에게만 주어진다면 어떻게 될까? 다른 팀원들은 자연스럽게 '왜 나에게는 기회가 오지 않지?' '내가 뭔가 부족한 건가?' 하는 생각을 하게 된다.

이런 문제를 방지하려면 미리 원칙을 세워두는 게 중요하다. 핵심 업무나 성장 기회를 돌아가며 맡는다는 명확한 약속을 팀원들과 공유하는 것이다. 그러면 이번에 기회를 놓친 사람도 '다음번엔 내 차례구나' 하고 기대하며 기다릴 수 있다.

반대로 원칙 없이 그때그때 즉흥적으로 배정하면, 매번 '왜 또 저 사람이야?' 하는 불만이 나온다. 리더의 편애나 불공정함에 대한 의혹만 커질 뿐이다. 결국 공정함이란 똑같이 일을 나눠주는 게 아니라, 배분 기준을 투명하게 공개하고 일관성 있게 적용하는 것이다.

4. 도전 리스크를 관리하라

경험이 부족한 팀원에게 새로운 업무를 맡길 때 가장 흔하게 하는 실수가 있다. "알아서 해봐"라고 던져두고 결과만 기다리는 것이다. 처음 해보는 일을 혼자 감당하기엔 부담이 너무 크다. 본인은 '제대로 할 수 있을까?' 하는 불안감에 시달리고, 리더도 '혹시 잘못되면 어떻게 하지?' 하는 걱정을 안게 된다.

이런 상황에서는 단계적 접근이 훨씬 효과적이다. "일단 초안까지 해보고 중간에 함께 확인해 보자" 또는 "1주일 후에 진행 상황을 점검하고 방향을 조정해 봅시다"처럼 중간 점검 지점을 만들어주는 것이다. 이렇게 하면 담당자는 '잘못되더라도 중간에 도움받을 수 있구나' 하는 마음을 갖고 도전할 수 있다.

하지만 아무런 안전장치 없이 맡겼다가 결과가 좋지 않으면 리더는 '역시 경험 없는 사람에게 맡기면 안 되는구나' 하며 다시 숙련자에게 업무를 배정한다. 그러면 그 팀원은 다음 기회마저 잃게 되고, 성장할 기회 자체가 사라진다. 진짜 성장을 원한다면 완벽한 결과보다 안전하게 시도하고 배울 수 있는 환경을 만드는 게 우선이다.

5. 성장 중심의 피드백을 제공하라

프로젝트나 업무가 끝나면 대부분의 리더가 "잘했네, 수고했어"라는 간단한 인사말로 마무리한다. 물론 격려의 의미는 있지만, 이것만으로는 진정한 성장으로 이어지지 않는다. 그냥 '일 하나 더 했네' 하는 느낌으로 끝나버리고, 다음번에 더 잘할 수 있는 학습 기회를 놓치게 된다.

대신 성장에 초점을 맞춘 대화를 나누는 게 훨씬 효과적이다. 다음과 같은 질문들을 활용해 보자.

"이번에 해보니까 어땠어요? 생각했던 것과 달랐던 부분이 있나요?"
"진행하면서 뭐가 제일 어려웠어요? 어떻게 해결했어요?"
"다음에 비슷한 일을 한다면 뭘 다르게 해보고 싶어요?"
"이번 경험을 통해 새롭게 깨달은 점이 있다면 무엇인가요?"

질문을 통해 팀원이 자신의 경험을 되돌아보고, 배운 점을 스스로 정리할 수 있게 된다. 그리고 다음번에는 이번 경험을 바탕으로 더 나은 성과를 낼 수 있는 구체적 아이디어도 얻을 수 있다. 결국 달성 여부를 체크하는 것보다 성장한 부분을 확인하고 강화하는 게 장기적으로 훨씬 큰 가치를 만들어낸다.

한 줄 성찰

"공정한 업무 배분은 모든 업무를 균등하게 나누는 것이 아니며, 혹여 그렇지 못한 순간조차 납득되도록 만드는, 설명의 책임을 다하는 것이다."

반전에 반전

리더는 때때로 누군가에게 설명할 틈도, 설득할 여유도 없이 업무를 지정해야 할 때가 있다. 이는 리더가 권위적으로 변했기 때문이 아니라, 상황이 급박하고 책임이 집중된 순간이기 때문이다.

첫째, 사고·장애·이슈 발생 등 즉시 대응이 필요한 경우다. '누가 할 수 있느냐'보다 '누가 지금 즉시 가능하냐?'가 우선이다.

둘째, 조직 변화나 평가, 민감한 정보가 포함된 업무는 광범위한 분담이 어려울 수 있다. 이는 리더가 선택해야 할 신뢰의 영역이다.

셋째, 특정인을 통해 프로토타입을 검증해야 하는 경우다. 실험적 업무의 특성상 배분 시 고려할 선택과 집중이 중요하다. 마지막으로 모두가 기피하거나 의견이 갈려 합의가 안 되는 경우, 리더가 결단을 내려야 한다. 업무는 멈출 수 없기 때문이다.

이런 경우라도 중요한 건 '일방적 결정'은 하되, 관계는 일방적이지 않아야 한다는 점이다. 즉 업무는 지정하되 사후 맥락 설명과 정서적 보살핌이 필요하다. 짧은 소통만으로도 공정성과 신뢰의 균형추를 지켜줄 수 있기 때문이다.

위임:
내려놓기 힘든 마음

인트로

'일을 넘기면 나는 뭐가 되지?'

겉으로 말은 안 하지만 많은 리더가 업무 위임을 꺼리는 근본 이유는 자신의 역할이 축소될 수 있다는 불안감에 있다. 특히 뛰어난 전문성으로 승진한 리더일수록 '이 일은 내가 직접 해야 제대로 된다'는 확신 성향을 보이기 쉽다.

야근 중인 최 부장의 사례를 보자. 그는 중요한 임원 보고 자료를 혼자

다듬고 있다. 김 과장에게 맡길 수 있지만, 중요한 자료는 직접 만들어야 한다고 생각한다. 동시에 '김 과장이 완벽하게 해내서 임원들이 더 높이 평가한다면 나는 어떻게 되지?' 하는 우려마저 든다.

이처럼 리더들이 위임에 대해 주저함은 바로 '존재감에 대한 불안'에서 온다. 자신의 권위가 약해지거나 인정받지 못할 것이라는 걱정 때문에 위임을 망설인다. 하지만 이러한 두려움은 대개 잘못된 인식에서 비롯한다. 효과적인 위임은 리더의 가치를 감소시키는 것이 아니라, 팀 전체의 성과 향상을 통해 진정한 리더십을 보여주는 핵심 수단이다.

통념 깨기

부하 직원의 의존성이 만드는 가짜 효능감

현장에서 리더는 직원으로부터 하루에 수십 개의 질문과 업무 검토 요청을 받는다. 처음엔 귀찮지만, 시간이 지나면서 묘한 만족감을 느끼게 된다. 자신이 팀에 없어서는 안 될 존재라는 착각에 빠지는 것이다. 잘못된 '자기효능감'으로 빠져드는 순간이다.

이는 심리학의 '학습된 무력감'이 조직에 적용된 현상일 수 있다. 리더가 모든 질문에 즉시 답을 해주면, 직원들은 점차 스스로 생각하는 능력을 잃어간다. 문제가 생겼을 때 자신이 해결하려 노력하기보다 리더에게 물어보는 것이 더 쉽고 안전하다고 학습하게 된다. 이는 위험 기피 문화가 퍼져 있는 조직에서 심심치 않게 나타나는 현상이기도 하다.

결국 조직 전체가 한 사람에게 의존하는 구조가 만들어진다. 모든 업무가 리더에게 집중되면서 업무처리 속도는 더뎌지고, 팀원들의 역량 개발은 멈춘다. 리더는 자신이 조직의 핵심이라고 믿지만, 사실은 조직 전체의 생산성과 유연성을 가로막는 장벽이 되는 것이다.

리더의 진정한 존재감은 '나 없으면 안 되는 팀'이 아니라 '내가 키운 사람들이 자율적으로 잘하는 팀'을 만드는 데서 나온다. 질문에 즉시 답하는 대신 "당신이라면 어떻게 하겠습니까?"라고 되묻고, 점진적으로 의사결정 권한을 이양해야 한다. 그래야 리더 자신도 실무에서 벗어나 더 중요한 전략적 판단에 집중할 수 있다.

관점 전환

위임은 올라가는 경험

위임을 '포기하는 것'으로 인식하는 리더가 적지 않다. 마치 자신의 중요한 역할을 다른 사람에게 넘겨주면서 본인은 뒤로 물러나는 것처럼 느낀다. 하지만 실제로는 위임을 통해 리더는 더 높은 차원의 역할을 하게 된다.

예를 들어, 매일 보고서를 직접 작성하던 팀장이 이 업무를 팀원에게 위임하면, 그 시간에 다음 분기 전략을 세우거나 새로운 사업 기회를 찾을 수 있게 된다. 즉 보고서 작성자에서 전략 수립자로 '올라가는' 것이다. 앞으로 조직은 단순 결과보다 '사람을 키우는 능력'과 '시스템을 만드는 능력'을 더 높게 평가할 것이다. 위임을 잘하는 리더일수록 성공 가능성이 높아지는 이유가 바로 여기에 있다.

'내가 아니면 안 된다'는 생각에 갇혀 위임을 망설이면, 팀원은 피동적 수행자가 되고 조직은 리더 한 사람에게 의존하게 된다. 지금 조직이 원하는 것은 '일 잘하는 리더'가 아니라 '판을 만드는 리더'다. 리더의 진짜 역할은 실행이 아니라 방향 제시, 큰 그림 설계, 판단 기준 설정이다.

위임은 자리를 비우는 것이 아니라 더 중요한 자리로 이동하는 것이며, 직접 나서지 않아도 결과 속에 리더의 영향력이 남는다. 타인을 믿고 그들을 지원하는 순간, 위임은 리스크가 아니라 사람을 성장시키고 시스템을 구축하는 도구가 된다.

뒤집기 실천

맡기되 맡기지 않는 리더의 기술

자신에게 솔직하게 물어보자.

- 부하 직원이 나보다 뛰어난 아이디어를 낼 때 드는 내 첫 번째 감정은 무엇인가?
- 상사가 내 부하 직원을 칭찬할 때, 마음 한편이 불편하지는 않은가?
- '이 정도는 내가 직접 해야겠다'고 생각할 때, 진짜 이유는 무엇인가?

이 같은 감정이 든다고 해서 나쁜 리더는 아니다. 너무나 인간적이고 자연스러운 감정이다. 중요한 것은 이를 인정하고, 조금씩 극복해 나가는 것이다.

1. 업무보다 '역할 중심' 사고로 전환하라

아직도 여러 리더는 '내가 이 일을 계속해야 한다'는 관성에 갇혀 위임을 망설인다. 그러나 중요한 것은 '이 일을 누가 하느냐'보다 '이 일에서 어떤 역할을 할 것인가'이다. 리더가 모든 걸 직접 하면, 팀원은 피동적 수행자로 머무르게 된다. 리더는 실행자에서 벗어나 방향 제시자, 기준 설계자, 조율자로 역할을 재정립할 필요가 있다. 즉 일을 내려놓는 것이 아니라 '판단과 기준'이라는 리더의 본질적 역할에 집중하는 방식으로 사고를 전환해야 한다.

2. 업무를 단계별로 위임하라

업무를 통째로 넘기면 부담스럽지만, 단계별로 나누면 위임이 쉬워진다. 핵심은 리더가 방향과 기준을 직접 잡고, 실행 과정은 팀원에게 맡기는 것이다.

신제품 출시 프로젝트를 예로 들어보자. 시장 분석과 전략 방향은 리더가, 실행 계획 수립과 협업 부서 조율은 팀원이, 최종 의사결정과 리스크 판단은 다시 리더가 담당하는 식이다. 이렇게 블록 단위로 나누면 리더는 핵심 부분을 놓치지 않으면서 팀원은 자기 담당 영역에서 주도권을 가질 수 있다. 결과적으로 서로 안정감을 느끼며 업무를 진행할 수 있게 된다.

3. 업무관리 체크포인트를 설정하라

위임 후 손을 완전히 떼면 리더가 불안해지는 건 당연하다. 하지만 중간 개입 대신 '맥을 짚는 질문'으로 흐름을 점검하면 부담 없이 관리할 수 있다. 일일이 간섭하는 대신, 직원에게 한 주의 핵심 리스크나 진행 상태를 간단히 공유받는 방식이 효과적이다. 주간 체크리스트나 진행 상황 템플릿을 활용하면 소통의 부담도 줄고, 팀원도 스스로 방향을 점검하는 습관을 갖게 된다.

4. 시스템으로 일하는 구조를 만들라

리더가 자리를 비울 때마다 업무가 멈춘다면, 이는 지속 가능한 조직이 아니다. 진짜 리더의 역할은 자신이 없어도 평균 이상 수준으로 돌아가는 시스템을 구축하는 것이다. 구체적으로 일상 업무 매뉴얼, 체크 리스트, 의사결정 기준 등을 팀원과 함께 미리 정비해 두는 것이다. 이런 시스템이 갖춰지면 리더가 반복적으로 개입하지 않아도 된다. 팀이 리더 부재 상황에서 흔들리지 않는 자생력을 갖추게 되는 것이다.

5. '판을 짜는 리더'로 전환하기

무작정 열심히, 성실하게만 하면 인정받던 시대는 지났다. 요즘 조직은 '일하는 리더'보다 '흐름을 만드는 리더'를 기억한다. 리더가 명확한 방향을 제시하고, 업무의 큰 그림과 맥락을 설명하며, 합리적 판단 기준을 세워줄 때 비로소 직원은 확신을 가지고 움직이게 된다. 이는 리더가 직접 드러나지 않아도, 결과와 성과 속에 리더의 흔적이 자연스럽게 녹아드는 방식이다.

존재감은 실행력에서 나오는 것이 아니라 '유기적인 협력'에서 만들어진다는 것을 받아들이는 순간, 위임은 두려움이 아니라 멋진 도구가 된다.

한 줄 성찰

"위임은 단순히 일을 내려놓는 것이 아니라, 책임의 지점을 이동시켜 구성원과 함께 성장하는 용기 있는 리더의 선택이다."

반전에 반전

그렇지만 위임이 항상 옳은 것은 아니다. 오히려 위임해서 안 되는 상황을 정확히 구분하는 것이 리더의 지혜다.

첫째, 조직의 핵심 가치와 직결된 의사결정이다. 회사의 정체성과 문화를 결정하는 근본적인 문제들은 최고 경영진이 직접 판단해야 한다. 스티브 잡스가 애플의 제품 디자인에 대한 최종 결정권을 끝까지 위임하지 않았던 것이 대표적 사례다.

둘째, 법적·윤리적 리스크가 높은 컴플라이언스, 개인정보 보호, 보건안전 관련 업무는 경험과 전문성이 충분히 검증된 사람만이 담당해야 한다. 실수의 결과가 개인을 넘어 조직 전체에 치명적 영향을 미칠 수 있기 때문이다.

셋째, 극도로 높은 전문성이 요구되는 한시적 업무다. 예컨대, 핵심 기술 개발을 주니어 사원에게 위임하는 것은 무책임하다. 역량과 책임이 균형을 이루지 못할 때 위임은 독이 된다.

넷째, 조직 내 신뢰 관계가 충분히 형성되지 않은 상황이다. 신뢰는 위임의 전제 조건이다. 상호 신뢰 없는 위임은 결국 마이크로 매니지먼트로 변질되거나 방임으로 흐를 가능성이 높다.

정리하면, 위임의 기술은 맡기는 용기와 맡기지 않는 판단력을 동시에 갖추는 것이다. 모든 걸 위임하는 리더, 아무것도 위임하지 않는 리더 모두 실패할 수밖에 없다.

협업:
갈등 없는 환상 속의 조직

인트로

협업의 이상과 현실

오늘날 기업 환경은 복잡성과 불확실성이 공존하는 전장과 같다. 이른바 VUCA(Volatility 변동성, Uncertainty 불확실성, Complexity 복잡성, Ambiguity 모호성)의 시대다. 이러한 상황에서 협업은 더는 선택이 아닌 조직의 생존과 혁신을 좌우하는 필수 행동이다. 아무리 뛰어난 개인 또는 조직이라도 독립적으로 성장하는 데는 한계가 분명하기 때문이다. 다양한 전문성과 관점을 잇고 시너지를 창출하는 협업은 변동성 높은 시장에서 경쟁우위를 확보하는 현실적 방안이 된다.

그럼에도 현장의 리더는 협업에 대한 딜레마와 회의감을 토로한다.

"부서 간 협업을 시도하지만 결국 각자 업무만 하고 다른 파트 신경은 안 쓰니 이게 맞는 것일까요."
"누가 주도해야 하는지 모호하고 책임 소재는 어떻게 할지 혼란스럽습니다."
"회의에 모이기도 어렵고, 결국 협업은 진도만 지연시키는 것 같습니다."

현장의 목소리는 여기서 그치지 않는다.

"타 부서와 장시간 토론하고 다양한 의견 수렴해 봐야 결국 방향성도 못 잡고 결론은 나오지 않네요."
"이견 조율이 안 되고 분야가 달라 소통도 어려워 정작 성과는 제대로 안 나요."
"파트너만 좋은 일 시켜주고 우리는 어떤 성과로 인정받느냐는 구성원의 불만을 들으면 난감합니다."

이처럼 협업은 이상과 현실의 간극, 구조적 모순, 리더와 구성원의 피로감이 교차하는 일이다. 결국에는 협업이 왜 현실적 어려움을 내포하는지, 과연 정말 필요한 것인지에 대한 의문 제기로 이어진다. '협업은 정말 조직에 시너지가 되는가? 아니면 단지 번거롭고 형식적인 절차일 뿐인가?'

통념 깨기

난해함과 무용론의 딜레마

협업을 둘러싼 어려움과 회의감의 중심에는 협업에 대한 뿌리 깊은 여러 오해가 자리 잡고 있다.

첫째, '협업은 근본적으로 어렵다'는 오해다. 상당수 리더는 협업을 시도해도 각자 자기 일만 하거나 책임 소재가 불분명하다고 느낀다. 누군가 분명한 리더십을 보여야 한다는 기대와 모두가 수평적으로 참여해야 한다는 가치가 충돌하며 혼란을 낳는다. '주도'와 '책임' 사이 모호함과 불안이 바로 협업을 어렵게 느끼게 만드는 오해의 근원이다.

둘째, '협업은 실익이 없다'는 오해다. 타 조직과 장시간 논의해도 조율만 길어질 뿐 명확한 결론이나 실질적 성과로 이어지지 않는 경험이 쌓인다. 이 과정에서 내재적 불신과 무관심이 빚어지고 협업 결과 평가에 대한 공정성에 냉소가 생긴다.

이러한 오해는 리더와 구성원, 조직 간 동상이몽에 기인하며, 협업의 본질을 흐리게 만든다. 즉 함께라는 핑계로 불명확한 책임과 늘어지는 과정으로 무용론이 강화된다. 이러한 인식과 오해의 연결고리를 끊지 않는 한 협업의 본질적 가치는 구현되기 어렵다.

관점 전환

다시, 본질을 보다

협업에 대한 오해와 현실적 어려움을 넘어서려면 관점의 전환과 함께 리더의 주도적 역할이 필요하다. 단순히 같이 일하는 것을 넘어 '왜 함께해야 하는지, 무엇을 통해 시너지를 만들어낼 수 있는지, 공동의 목표와 성과란 무엇인지' 명확히 정의해 보자.

첫째, 협업은 느리고 불확실하게 흘러가는 것이 아니라, '정확한 속도와 방향'을 설계하는 것이다. 모든 의견을 들어야 한다는 강박에서 벗어나, 핵심 목적을 중심으로 명확한 방향성에 근거한 의사결정 방식으로 전환함을 의미한다. 즉 다양성을 존중하되 '필요한 순간에 필요한 결정은 누가 내리는가'를 명확히 규정해야 한다.

둘째, 협업은 역할과 책임이 분명하게 구분되고 의미 있는 '참여의 장'이 돼야 하며, 이는 리더의 역할을 더욱 중요하게 만든다. 리더는 능동적 참여를 끌어내며 의사결정 프레임워크 등을 통해 의견 개진의 범위와 책임을 투명하게 관리해야 한다.

셋째, 구성원의 심리적 안전감이 뒷받침되어야 한다. 각자 자신의 의견이나 실패 경험이 원활히 공유될 수 있어야 한다. 협업의 힘은 명확한 목표와 함께 구성원의 안정적 심리 기반, 그리고 신뢰와 책임의 균형 속에서 극대화될 수 있다.

마지막으로 성공적인 협업을 이끄는 리더는 통제와 자유 사이에서 구조화된 자율성을 구현해야 한다. 이는 구성원 모두 하나의 목적 아래 스스로 판단하고 실행하되, 책임감과 피드백 루프가 실질적으로 작동하는 환경을 조성하는 것이다.

이러한 관점에서 협업은 시간과 에너지 낭비가 아닌 변화와 혁신을 가속시키고 개별 업무의 한계를 넘어서는 경쟁력의 원천이 될 수 있다.

뒤집기 실천

본질 이해와 정착을 위한 실행

강조하건대 협업은 리더의 역할이 중요하다. 한때 부서 간 사일로와 비생산적 경쟁으로 어려움을 겪었던 마이크로소프트는 현 CEO인 사티아 나델라의 협력적 리더십 아래 전사적 협업 분위기를 조성하며 글로벌 넘버원으로 재도약할 수 있었다. 현장에서 협업에 대한 오해를 극복하고, 조직을 건강하게 연결할 실천적 접근법을 소개해 보고자 한다.

1. 협업의 태생적 난도를 인정

협업은 친분이나 자동화로 이루어지지 않는다. 많은 에너지가 투입되는 프로세스다. 긴장과 갈등이 필연적으로 동반되며, 이 과정에서 진정한 가치가 만들어진다. 친한 구성원이나 조직 간의 협업이 쉬울 거라는 섣부른 기대는 버리고 시작하자.

특히 협업(collaboration)과 협조(cooperation)를 혼동하는 경우가 있는

데, 협조는 협동이나 도움을 주는 개념인 반면, 협업은 1+1=3을 만드는 가치 창출의 과정이다. 명확한 개념과 프레임 정립이 필요하다.

2. 명확한 목표와 역할, 공동의 이익 명시

협업의 시작은 '목적과 명분 그리고 목표'를 명확히 하는 것이다. 이 일을 왜 하는지 충분한 설명과 공감대가 형성돼야 궤도에 제대로 올릴 수 있다. 이를 위해 킥오프 시 목표, 배경, 기대 성과 및 개별 역할을 문서로 만들어 공유하고 합의하자. 한 번으로 끝내지 말고, 수시로 피드백하며 주기적 점검을 위해 상기해야 한다.

또한 협업의 결과로 얻는 최종 이익은 북극성 같은 존재다. 목표를 향한 방향성 유지를 위해 공동의 이익을 사전에 명확히 해놓자. 분배의 기준까지 정해둔다면 금상첨화다.

3. 갈등을 즐기고 생산적 결과로 승화

협업은 대개 구성원 간, 조직 간 갈등을 수반한다. 하지만 건강한 갈등과 토론은 창의적 결과로 이어진다. 리더는 구성원이 갈등을 두려워하지 않는 환경을 조성해야 한다.

어느 스타트업에서는 '갈등의 날'을 지정해 불만과 이견을 자유롭게 표현하는 날로 정례화했다. 일부 정부 부처는 중요 정책 결정을 앞두고 내부에 '악마의 옹호자(Devil's advocate)'를 둬서 갈등을 일부러 조장하고 있다. 또한 협업 툴(슬랙, MS 팀즈 등)을 활용해 효율성을 높이고 소통 체계를 명확히 하자.

4. 다양성 포용과 실패를 인정하는 심리적 안전감 조성

이질적 관점과 배경을 존중하고 과정 중심의 환경과 실패에 관대한 문화를 조성하라. 다른 배경과 관점을 가진 조직 간의 불편함을 견디고, 단기적 만족도보다 장기 성과와 혁신을 추구하는 태도가 필요하다. 이를 위해 결과 못지않게 '과정을 중시'하는 리더의 자세와 소통이 중요하다. 과정의 적절성과 적극성을 인정해 주고, 과정상의 실패에 대한 심리적 안전지대를 조성해 줘야 한다.

아울러 창의성 활용을 위한 구성원의 아이데이션 기회도 마련하자. 픽사는 '브레인트러스트'라는 정기 아이디어 회의를 통해 자유로운 의견 제안 및 협업을 시도하고 있다. 다양성을 기반으로 한 창의적 협업 플랫폼을 마련하는 게 중요하다.

5. 부서 간 사일로 타파와 평가 제도화

협업에 따른 공헌, 성과가 확실히 인정되도록 제도화하라. '남 좋은 일만 시키는 것 아닌가' 하는 우려는 협업의 가장 큰 방해 요소다. 본인 또는 소속 부서는 어떤 이익과 평가를 받는지에 대해 리더는 확신을 줘야 한다. 실적이든, 인정이든, 포상이든 제도화된 공유가 필요하다.

예를 들면 직접적인 매출이 아니더라도 공헌 실적을 인정하거나, 협업 지표를 정해 KPI(Key Performance Indicator, 핵심성과지표) 항목에 반영해 볼 수 있다. 부서 이기주의와 사일로 제거가 협업 성공의 지표가 될 수 있다.

한 줄 성찰

"진정한 협업이란 현실의 갈등과 불완전함을 이해하며, 서로의 연결과 시너지를 통해 조직의 혁신을 견인하는 과정이다."

반전에 반전

세상에 완벽한 협업은 존재하지 않는다. 협업은 본질적으로 시행착오와 불편함을 동반한다. 이런 속성을 감안할 때 주의할 몇 가지 사항이 있다.

- 협업은 만능이 아니다. 때로는 신속한 단독 결정과 권한 위임이 효과적일 수 있다.
- 가짜 협업을 경계해야 한다. 구호나 명분만 내세우는 형식적 협업을 지양해야 한다. 과정을 중시해야 하나 성과에 대한 정의와 평가가 모자란 협업은 사상누각에 불과하다.
- 도구의 한계를 인식한다. 협업 툴, 디지털플랫폼 활용이 많은 도움을 줄 수 있으나 조직문화와 프로세스가 바탕이 되지 않는다면 지속적 효과를 내는 데 한계가 있다.

상사 관리:
정치는 선택 아닌 필수

인트로

'정치는 나만 위해? 구성원 모두를 위해!'

"나는 정치 같은 건 안 해. 일하기도 바쁜데 그런 짓 할 시간은 없고." 직장에서 흔히 듣는 말이다. 진정한 직장인이라면 실력으로 승부를 내야지, 윗사람 비위나 맞추고 졸졸 따라다니는 게 할 짓인가 싶다.

하지만 현실은 다르다. 우리가 가장 많은 시간을 보내는 직장에서 과연 독야청청 자신의 이상만을 실현할 수 있을까? 어쩌면 정치라는 선입견으로 리더가 정작 해야 할 일을 회피하고 있는 건 아닐까?

통념 깨기

정치의 실용적 이름, '상사 관리'

호모폴리티쿠스, 인간은 정치적 동물이다. 그럼에도 정치에 대한 부정적 시각이 만연한 이유는 무엇일까? 아마도 '손바닥 비비며 아부하는' 것을 저급한 행동으로 헐뜯으며 생긴 편견 때문일 것이다. 무엇보다 정치가 나와 무관한 '불필요한' 일이라는 오해에서 비롯한다.

정치를 '상사 관리'로 바꿔보면 어떨까? 조직구조 분야의 석학 헨리 민츠버그(Henry Mintzberg, 1983)는 '조직 내 정치란 권력과 자원의 분배를 둘러싼 불가피한 과정'이라고 정의했다. 정치를 회피하고 상사 관리에 소홀한 리더는 팀을 보호하고 자원을 확보할 기회를 놓칠 수 있다는 말이다.

상사와 관계가 원만하지 않은데 내 프로젝트가 쉽게 승인되고 진행될 수 있을까? 직원의 승진과 지원을 끌어낼 수 있을까? 비슷한 조건에서도 결과가 다르다면, 이는 상사 관리 결과의 차이일 가능성이 높다.

관점 전환

상사 관리는 모두를 위한 전략

스스로 반문해 보자. 직장 내에서 정치라 불리던 행동과 상사 관리에 대해 나는 어떤 입장과 생각을 가지고 있었나? 윗사람을 관리하는 것은 바람직하지 못한 아부로, 또는 자신과 상관없는 일로, 아니면 나는 그런 거 잘 못하는 사람이라고만 치부하지는 않았는가? 이제 다음과 같이 생각을 전환해 보자.

첫째, 상사 관리는 구성원을 위한 행동이다. 리더 개인의 생존술이 아닌, 팀과 구성원을 위해 권한과 자원을 전략적으로 활용하는 기술이다. 조직의 생존과 발전을 위해 상사와 업무 또는 인간적으로 맺는 관계를 적극적으로 관리해야 한다.

둘째, 상사 관리는 조직을 위한 행동이다. 상사를 잘 보필한다는 것은 상사의 성공에 이바지하며 자신과 팀을 보호한다는 의미다. 이는 진정한 공생의 실현이다.

셋째, 상사 관리는 나 자신을 위한 행동이기도 하다. 페리스 등의 연구(Ferris, 2019)에 따르면 조직 내 정치적 역량이 개인의 성과, 만족도, 경력 발전에 유의미한 영향을 미친다고 밝혔다. 최근 메타분석(Munyon 등, 2021)에서도 정치적 기술이 높은 관리자일수록 팀 성과와 구성원 만족도가 높게 나타났다.

상사도 사람이다. 지극히 인간적이며, 때론 감정적일 수 있다. 윗사람이니까 늘 냉철하고 이성적이라는 예단은 버려야 한다. 상사 역시 인간적 약점이 있는 존재로 이해하고 접근하는 것이 현명하다.

뒤집기 실천

상사 관리의 실전 기술

다음과 같이 효과적인 상사 관리를 위한 여덟 가지 실천 방안을 제시한다.

1. 보고의 기술: 두괄식으로 결론부터

임원은 바쁘다. 보고받는 사항도 많다. 빌드업한답시고 장황하게 펼치면 집중력을 잃는다. 보고는 결론부터, 두괄식으로 시작한다. "세 가지 안이 있으며, 제 생각엔 1번 옵션이 최선입니다. 다른 안의 장단점은 다음과 같습니다." 이런 방식이 효과적이다. 또한 옵션을 우선순위 없이 늘어놓기보다 그중 최선이라고 생각하는 옵션을 근거와 함께 설명하는 것이 효율적이다.

2. 중요 사안은 미리 알린다

어려운 안건은 사전에 캐주얼한 자리에서 가볍게 언급한다. "이 건에 대해 이슈가 있는데 면밀히 체크하고 있습니다. 조만간 별도 보고드리겠습니다." 상사의 뇌리에 인식을 심어놓으면 본 보고 시 수용도가 높아진다. 심리학에서 말하는 '프레이밍 효과'(어떤 자극에 먼저 노출되면 이후에 접하는 정보의 해석, 판단, 행동에 주는 영향)를 활용하는 것이다.

3. 상사의 상사를 인식하라

내 직속 상사의 보스는 그의 운명을 좌우한다. 프로젝트 성과로 대표이사의 칭찬을 받을 때, 상사의 기여를 언급해 공생의 기회로 활용한다. 이는 '상향 영향력 관리(Upward Influence Management)'의 핵심이다. 상사의 성공에 기여하는 행동을 적극적으로 할 필요가 있다.

4. 직언은 조용히, 감사는 공개적으로

다수 앞에서 직언하는 일은 피한다. 반대로 상사의 공을 논할 때는 공개적으로 한다. "저희 팀원 전체가 지난번 결정에 감사드립니다"처럼 집단의 목소리로 표현한다. 기억하자, 상사도 칭찬과 인정이 필요한 존재라는 것을.

5. 역지사지의 사고

상사의 처지에서 생각하는 연습을 한다. 무엇이 궁금할까, 어떤 압박을 받고 있을까? 측은지심으로 접근하면 이해의 폭이 넓어진다. 관심은 애정으로, 애정은 신뢰로 이어진다.

6. 레드 버튼을 파악하라

누구나 참지 못하는 포인트가 있다. 일반적으로 통용되지만, 특정 상사에겐 용납 안 되는 사안, 행동 등이 있다. 미리 파악하고 기억해 눈치 없이 화를 부르는 일은 피하자. 불가피한 상황이라면 직접 언급하기보다 간접적으로 표현하거나 시간차를 두고 다른 기회를 보라.

7. 비서와 스태프를 나의 우군으로

상사 주변에서 일하는 비서나 스태프 조직과 맺는 관계가 중요하다. 그들은 정보의 통로이자 조언자가 될 수 있다. 필요시 상사의 취미나 관심사도 귀띔해 줄 수 있는 고마운 관계다. 아쉬울 때만 찾아가지 말고, 평소에 특별한 일이 없을 때 가볍게 커피 한잔 사 들고 가는 센스를 발휘하기를 권한다.

8. 적절한 의전, 싫어하는 상사는 없다

요즘 상사는 전과 달리 과도한 의전을 피한다. 하지만 기본적 의전은 여전히 필수이며, 살짝 오버다 싶은 정도가 적정선이다. 상사의 부담스럽다는 말을 액면가 그대로 받아들이고 망설인다면 아마 다른 동료가 나 대신 의전하는 모습을 보게 될 것이다.

한 줄 성찰

"정치 없는 리더십은 직무 유기이며, 상사 관리는 나의 팀 성공과 구성원을 보호하기 위한 필수 역량이다."

반전에 반전

상사 관리가 중요하지만, 그것은 보완재일 뿐이다. 기본 역량 없는 정치는 사상누각에 불과하다. 역량과 성과가 우선이며, 상사 관리는 그것들을 더욱 빛나게 하는 도구다. 무엇이 기본인지 잊지 말되, 현실의 게임 규칙도 간과하지 말자.

아울러 과도한 상사 관리는 오히려 역효과를 낳을 수 있다. 지나친 아부로 비치면 신뢰를 잃고, 동료 리더들 사이에서 '줄서기'하는 사람으로 낙인찍힐 수 있다. 또한 모든 상사가 관리의 대상일 수는 없다. 완고한 원칙주의자이거나 극도로 공정함을 추구하는 상사의 경우, 적절한 거리를 두는 것이 현명하다. 이들은 사적인 관계 형성 시도를 부정적으로 볼 가능성이 높기 때문이다. 즉 정확한 '상사 성향 파악'이 선행돼야 한다.

03
PART

조직 편

피드백:
포장된 잔소리

인트로

"아닌 거 같은데, 왜 피드백이라고 우기나요?"

여기 어느 리더와 직원의 동상이몽이 있다. 먼저 리더의 속마음이다.

"연차가 비슷한 다른 팀원들에 비해 성과가 나오는 데 더딘 직원이 있습니다. 업무 속도가 느린 것도 문제지만 결과를 가져오면 고칠 게 많아서 힘듭니다. 되도록 자주 피드백하고 있습니다. 그 자리에서 바로 수정하고 다른 방법을 쓰면 어느 정도 나아질 것을 기대하고서요. 업무는 어떻게든 진행되는데 갈수록 이 직원이 저와 마주치고 대화할 때마다 표정이 좋지 않습니다. 무엇보다 갈수록 저의 피드백을 잘 수용하려 하지 않아요. 문제를 해결하려고 피드백하는 건데 왜 이런 반응인지 모르겠고, 답답하네요."

그렇다면 직원의 속마음은 어떨까?

"제 생각과 의도를 담아서 업무를 진행해요. 그리고 사람은 각자의 속도가 있어요. 그런데 우리 팀장님이 피드백을 주시는 방식은 '내 방식이 너보다 옳다'고 은근히 강요하는 경우가 많습니다. 팀장님 마음에 드는 결과를 바란다면 바로 지시하시면 되는데, 자꾸 착한 팀장님이 되려고 하는 것 같아서 마주칠 때마다 기분 상하는 경우가 많아요. 제가 바라는 건 좀 더 성장할 수 있는 피드백이지, 잔소리가 아닌데 말이죠."

같은 상황, 다른 해석. 리더는 '성장을 위한 피드백'이라 생각하고, 구성원은 '그냥 지적질'이라 느낀다. 이런 동상이몽은 왜 생기는 걸까?

통념 깨기

잘못된 부분만 고치면 완벽해진다는 착각

피드백(feedback)의 어원은 기계공학에서 왔다. 시스템의 출력값을 입력단으로 되돌려 오류를 수정하는 과정을 뜻한다. 기계는 잘못된 값을 수정하면 정상 작동하게 되는, 단순명료한 행위다.

많은 리더가 이 기계적 사고를 그대로 사람에게 적용한다. '잘못된 부분만 고치면 완벽한 결과가 나올 것'이라고 믿는다. 그래서 피드백이라는 이름으로 끊임없이 '수정 사항'을 지적한다.

"여기 오타가 있네요. 고치세요." "이 부분 논리가 약해요. 보완하세요." "색상이 너무 튀어요. 바꾸세요."

사람은 기계가 아니다. 감정이 있고, 자존심이 있으며, 성장 욕구가 있다. 무엇보다 전체 맥락 속에서 일한다. 일부를 고친다고 전체가 좋아지는 것도 아니고, 지적받을수록 의욕이 떨어지기도 한다. 지적하면 안 되는 것이 아니라, 피드백한다며 오로지 지적만 하는 것이 문제다.

10년도 더 지난 내용인데도 여전히 많은 글에 인용되는 유명한 연구가 있다. 2014년 《하버드 비즈니스 리뷰(Harvard Business Review)》의 피드백 관련 아티클에 따르면, 57%의 사람은 교정적 피드백을 선호하고, 92%의 사람은 부정적 피드백이라도 올바르게 전달된다면 성과 향상에 효과적이라고 답했다. 이는 피드백이 자칫 비난이나 지적처럼 들리지 않도록 전달 방식을 깊이 고민할 필요가 있다는 점을 시사한다.

관점 전환

점이 아닌 선, 과거가 아닌 미래

진정한 피드백은 '점'을 찍는 것이 아니라 '선'을 그리는 것이다. 잘못된 한 부분만 지적하는 것이 아니라, 전체 맥락 속에서 개선 방향을 제시하는 것이다.

어느 광고 회사 디자인팀의 사례가 이를 잘 보여준다. 신입 디자이너가 만든 포스터를 두고 상사의 피드백이 있었다. '색상이 너무 어둡다, 밝게 바꿔보라'는 의도였는데 다음과 같이 말했다.

"전체적인 콘셉트는 잘 잡았네요. 특히 타이포그래피 배치가 독특해서 좋아요. 다만 우리 타깃이 20대인데, 색상이 좀 무거운 느낌이에요. 이 콘셉트를 살리면서 젊은 느낌을 더하려면 어떤 색상이 좋을까요?"

같은 내용이지만 완전히 다른 접근이다. 첫 번째는 잘못된 '점'을 지적했고, 두 번째는 더 나은 '방향'을 제시했다. 첫 번째는 과거의 실수에 머물렀고, 두 번째는 미래의 가능성을 열었다.

더 중요한 것은 시점의 전환이다. 많은 피드백이 과거에 갇혀 있다. "왜 이렇게 했어요?" "여기가 틀렸어요." 등 이미 일어난 일을 문제 삼는다. 더 나은 피드백은 미래를 향한다."이렇게 개선하면 다음에는 더 좋은 결과가 나올 거예요." "이 경험을 통해 무엇을 배웠나요?"

과거는 바꿀 수 없지만 미래는 만들어갈 수 있다. 피드백이 지적이 아닌 성장의 도구가 되려면, 시선을 미래로 돌려야 한다.

뒤집기 실천

성장의 대화로 바꾸는 다섯 가지 방법

피드백을 정확하게 하고 싶지 않은 리더는 없을 것이다. 되도록 빨리 정답을 주고 빠른 성과를 기대하기 때문일 것이다. 하지만 피드백은 정답을 주는 행동이 아니다. 반박할 수 없게 만드는 데이터나 근거들로 피드백을 채우는 리더라면 지금부터 바뀔 필요가 있다. 당신은 기계가 아니라 사람에게 피드백하기 때문이다

1. 즉흥적 피드백은 지양하기

곧바로 하는 피드백이 효과적이라는 통념이 있다. 하지만 감정적으로 준비되지 않은 상태의 피드백은 공격으로 받아들여진다.

어느 IT 기업은 '24시간 룰'을 도입했다. 결과물을 받은 후 최소 24시간을 숙고한 뒤 피드백한다. 이 시간 동안 리더는 전체 맥락을 파악하고, 직원은 심리적 준비를 한다.

"제안서 잘 받았습니다. 내일 오후 3시에 함께 검토하면서 이야기 나눠볼까요?"

이렇게 예고한 피드백은 기습 공격이 아닌 성장의 대화가 된다. 중요한 것은 이 24시간 동안 리더는 준비해야 한다는 점이다. 무엇이 좋았는지, 어떤 부분이 개선되면 좋을지, 이를 통해 어떤 성장을 기대하는지 정리하는 시간이다.

2. 과거의 결과가 아닌 미래지향적으로

피드백은 미래를 담아 이야기할 수 있어야 한다. "이 수정을 통해 이후 부분들도 자연스럽게 이어질 수 있겠습니다." "그러한 개선으로 성과가 좋아질 것으로 예상해요." 이러한 형태의 피드백 방식이다. 피드백을

원하는 구성원 대부분은 업무를 통한 미래 성장을 바라는 경우가 많다. 이들이 피드백을 수용하면 미래 성장에 도움이 된다는 점을 알게 하는 것이다. 또한 피드백이 미래지향적이면 당신의 피드백에 근거가 생긴다. 피드백이 곧 더 나아지기 위한 방안이 되기 때문이다. 우리에게 중요한 건 미래이지 지나간 과거가 아니다. 피드백 반영 다음 단계에 초점을 맞춰보자.

3. 잘한 점 먼저 찾기

피드백이 지적으로 변질되는 이유는 리더의 성과관리와 관계가 있다. 잘못된 부분만 고치면 '완성된 업무'가 되므로 다음 단계를 실행할 수 있다고 믿기 때문일 것이다. 그러나 피드백을 가장한 지적을 받는 직원으로선 잘한 점에 관한 이야기는 전혀 듣지 못했기 때문에 '내가 잘한 건 없는 건가?' 하는 회의감이 더 커질 수 있다는 점을 알아야 한다.

2030세대 직원들은 학창 시절 반 전원이 각기 다른 부문으로 상장을 받은 기억이 많다. 무턱대고 잘했다고 칭찬부터 하라는 이야기가 아니다. 어떤 점이 마음에 들었는지, 혹은 어떤 부분에서 노고가 많았는지를 구체적으로 인정하고 아쉬운 점에 대해 피드백을 진행해도 늦지 않다는 이야기다. 아울러 좋았던 점으로 대화를 시작하면서 업무 담당자 스스로에게 아쉬웠던 점, 어려웠던 점에 대해 질문을 이어가면 더욱 자연스러운 분위기를 형성할 수 있을 것이다.

한 줄 성찰

"피드백은 과거의 잘못을 지적하는 것이 아니라, 미래의 성장을 함께 그리는 대화다."

반전에 반전

그럼에도 때로는 단호한 지적이 필요한 순간이 있다.

첫째, 안전이나 규정 위반의 경우다. 이런 상황에서는 즉각적이고 명확한 지적이 필요하다. 성장을 기다릴 여유가 없다.

둘째, 같은 실수가 세 번 이상 반복될 때다. 한두 번은 실수이지만 세 번 이상은 태도의 문제다. 따끔한 지적이 오히려 약이 될 수 있다.

셋째, 피드백 자체를 거부하는 경우다. 모든 대화를 방어적으로 받아들이고 개선 의지를 보이지 않는다면, 더는 피드백이 무의미하다. 이때는 명확한 업무 명령과 결과 관리로 전환해야 한다.

피드백은 만능 도구가 아니다. 상황과 상대에 따라 적절히 사용해야 한다. 중요한 것은 그 목적이 '지적'이 아닌 '성장'에 있다는 점을 잊지 않는 것이다. 때로는 단호해야 하지만, 그 안에도 상대에 대한 존중과 미래에 대한 기대가 담겨 있어야 한다.

코칭:
요긴하나 주의할 기술

인트로

'코칭 리더십이 답이라더니…'

A 상무는 작년 말 선임된 신임 임원이다. 그동안 중간관리자로 자신의 리더십을 돌아보던 차에 '코칭 리더십' 특강을 듣게 됐다. 기존의 상명하복이 아닌 자발적인 힘을 유도하는 코칭의 매력에 푹 빠졌다. '이거다!' 싶었다. 질문으로 직원의 잠재력을 끌어낸다는 개념이 매력적이었다.

이후 그는 사업부 팀장을 대상으로 코칭 미팅을 시작했다. 매주 한 명씩 돌아가며 만났고, 준비한 질문을 정성껏 던졌다. 하지만 좋은 취지에도 불구하고 팀장 대부분은 심드렁했다. 3개월 코칭을 마친 후 인사 부서를 통해 그들의 피드백을 들었다. "상무님 앞에서 솔직한 마음을 드러내기가 어렵다" "답을 하라는데 좋은 아이디어가 떠오르지 않는다" "현업이 바쁜데 시간이 오래 걸려 부담이다" 등 부정적인 응답이 주를 이뤘다.

기대와 다른 반응에 A 상무는 고민에 빠졌다. 분명 코칭이 효과적이라던데, 왜 현실에서는 작동하지 않는 걸까? 코칭 미팅을 계속해야 할지, 그만둬야 할지 난감한 갈림길 앞에 섰다.

통념 깨기

코칭이 만병통치약이라는 착각

리더를 위한 '코칭' 교육이 하나의 트렌드가 됐다. 많은 조직에서 코칭 리더십을 강조하고, 관련 교육훈련에 적지 않은 예산을 투입한다. "좋은 리더는 좋은 코치다"라는 말이 마치 진리처럼 받아들여진다. 직원의 동기를 유발하고 자발성을 끌어내는 데 코칭만큼 좋은 것이 없다고 믿는다.

현실은 다르다. 의욕적으로 '코칭 미팅'을 했던 많은 리더가 생각대로 되지 않는다는 것을 경험한다. 교육에서 배운 대로 질문을 던지는데 직원은 묵묵부답이다. 시간만 잡아먹고 답답해졌다. 참다못해 "최 팀장, 답하는 게 그렇게 어렵나?"라고 내뱉으면 애써 잡은 코칭 세션은 끝나고 만다.

왜 이런 일이 벌어지는 걸까? 문제는 코칭 자체가 아니라 코칭에 대한 잘못된 이해에 있다. 일반적 코칭 교육에서는 코칭의 장점과 기법만 강조할 뿐, 코칭이 작동하지 않는 상황이나 조건을 충분히 다루지 않는다.

더 큰 문제는 코칭의 본질을 오해하는 것이다. 상당수 리더가 코칭을 '부드러운 지시' 정도로 생각한다. 질문이라는 형식을 빌려 자신이 원하는 답으로 직원을 이끌려 한다. 이것은 코칭이 아니라 유도심문이다. 진짜 코칭은 대상자가 스스로 답을 찾아가는 과정이며, 코치는 그저 안내자일 뿐이다.

관점 전환

코칭의 민낯을 마주하다

코칭을 제대로 이해하려면 잘 알려지지 않은 코칭의 특성을 알아야 한다. 이것을 모르면 코칭은 실패할 수밖에 없다.

첫째, 코칭은 코치가 아니라 대상자가 주도한다. 일반적으로 코칭을 원하는 사람은 코치의 역할에 큰 기대를 건다. 하지만 코칭의 진짜 묘미는 대상자 스스로가 자신의 힘으로 적극적 행동 변화를 일궈간다는 것이다. 코치는 우호적 분위기를 형성하며 적시에 효과적인 질문을 던지는 것뿐이다. 따라서 대상자의 상태가 중요하다. 대상자는 자신의 상황을 비판적으로 살피고 잘못이 있다면 인정할 수 있어야 한다. 남들보다 뛰어나며 업무를 잘한다고만 확신하는 사람, 더는 배울 게 없다는 사람은 코칭 대상자로 적합하지 않다.

둘째, 구성원 모두를 코칭할 수 없다. 원칙적으로 대상자가 답하지 않고 행동을 바꾸지 않으면 코칭은 앞으로 나갈 수 없다. 그래서 코칭은 매우 어려운 과정이다. 대상자는 자신을 냉철하게 돌아보고 새로운 행동에 나서겠다는 결단과 용기를 가져야 한다. 그리고 시간도 필요하다. 바쁜 현실에서 더딘 진행은 리더를 갑갑하게 만든다. 이렇듯 코치나 대상자나 코칭에 쏟아야 할 시간과 에너지 소모가 상당히 많다. 현실적으로 구성원 모두를 동시에 코칭하는 것은 불가능에 가깝다.

셋째, 조직 구성원 간 코칭은 쉽지 않다. 코칭 세션에서 원활하게 질문과 답이 오고 가려면 '거리감'이 있어야 한다. 위 사례에서 A 상무와 팀장은 서로를 잘 알고 있다. 그들은 코칭 세션에서 깊이 있는 대화로 돌입하기가 어렵다. 가까운 관계라면 평소와 다른 질문을 던지기도, 솔직한 답을 면전에서 하기도 어렵다. 평가자 피평가자 관계라면 더욱 그렇다. 코치는 대상자의 잠재력을 확신해야 하고, 대상자 역시 코치를 향한 믿음이 확고해야 한다.

넷째, 코칭은 모든 직원에게 적합하지 않다. 리더의 질문에 답할 수 있으려면 지식과 경험이 있어야 한다. 따라서 신입 사원에게 코칭은 적절한 수단이 아니다. 오히려 선배의 노하우를 전수해 주는 멘토링이 효과적이다. 또한 지식과 경험이 있다고 하더라도 동기가 떨어진 상태라면 코칭 진행이 쉽지 않다. 여러 기업에서 저성과자를 대상으로 코칭을 하는데, 만성적 저성과자가 코칭 미팅에서 적극성을 발휘할지는 의문이다.

이처럼 코칭에는 명확한 한계가 있다. 코칭이 작동하려면 적절한 대상, 적절한 상황, 적절한 관계가 갖춰져야 한다. 이것을 무시하고 무작정 코칭을 시도하면 소중한 시간과 에너지만 낭비하게 된다.

뒤집기 실천

진짜 코칭의 실전 기술

앞서 코칭을 다소 부정적으로 이야기했지만, 염려하는 지점은 현업 리더가 코칭 세션을 광범위하게 전개하는 것이지 코칭 자체는 아니다. 현업 리더가 코칭을 절대 하지 말아야 한다는 말도 아니다. 앞서 설명한 코칭의 네 가지 특징을 잘 이해하며 진행하기를 권장한다.

1. 선별적으로 코칭 세션을 운영한다

관리하는 직원이 10명이라면 1~2명 이내로 코칭 대상을 정하는 것이 바람직하다. 사실, 코칭은 역량이 부족하거나 오랜 기간 동기부여 수준이 낮은 사람에게는 적합하지 않다. 코칭은 잘하는 사람을 더 잘하게 하는, 잠재력 있는 사람을 성장시키는 도구로 이해하는 게 맞다.

코칭 대상을 선정할 때는 다음 기준을 고려한다. 자기 성찰 능력이 있는가? 변화에 대한 의지가 있는가? 시간과 에너지를 투자할 의향이 있는가 등이다. 코칭은 즉각적 효과를 기대하기 어렵다. 인내심을 갖고 과정에 참여할 수 있는 상황인지 살펴야 한다.

2. 일상 업무에서 코칭 기술을 활용한다

우리는 코칭 세션이 아니더라도 부서 미팅, 일대일 미팅(원온원), 피드백 등 다양한 상황에서 코칭 기술을 활용할 수 있다. 핵심은 상대방이 스스로 생각하고 말하게 하는 '질문'이다. 사람은 본인이 직접 생각하고 그것을 말해야 실행의 동기와 이유를 갖는다.

질문에는 크게 두 가지 유형이 있다. 하나는 단순히 확인이나 간단한 느낌을 묻는 것이고, 다른 하나는 상대의 내면 깊숙이 자리 잡은 잠재력을 끌어내는 질문이다. 코칭 기술은 주로 후자에 해당한다.

코칭 분야의 권위자로 알려진 존 휘트모어 경은 코칭을 '개인의 잠재력을 최대한 발휘하도록 돕는 과정'이라고 정의했다. 따라서 코칭의 핵심은 상대방이 자신의 잠재력을 고민하고 나아가 발견하도록 질문을 던지는 것이다. 반드시 코칭 미팅에서만 코칭을 할 수 있는 것은 아니다.

3. GROW 방법론으로 체계적 대화를 구성한다

대표적 코칭 대화 기법인 'GROW 방법론'은 네 단계로 구성된다. 첫째, Goal(목표 설정)로 코칭을 통해 기대하는 바가 무엇인지 명확히 한다. 둘째, Reality(현실 인식)로 현재 상황을 객관적으로 파악한다. 셋째, Options(대안 탐색)로 가능한 선택지를 폭넓게 탐색한다. 넷째, Wrap-up(종료)으로 구체적인 실행 계획을 수립한다.

이 중 가장 중요한 부분은 'Options(대안 탐색)'다. 코칭 기술이 구사되는 순간이다. 이 단계에 쓰이는 질문은 단순히 지금 문제가 아니라 시간을 달리해서 과거의 기억을 회상하도록 유도한다. 그러면 대상자는 지금 골머리 썩는 현재 지점에서 잠시 벗어나 다른 생각을 할 수 있게 된다. 미래의 모습을 상상하도록 유도하는 질문도 가능하다. 또한 우리 조직을 떠나 다른 조직을 가정하고 사고하도록 이끌 수도 있다.

예를 들어보자. 업무 역량 향상이 주제인 코칭 세션에서 대상자가 "역량 개발 방법을 모르겠다"라고 막막해한다면, 다음과 같이 질문할 수 있다. "혹시 실력이 단기간에 성장했던 경험이 있나요?" 이 질문은 대상자의 시선을 현재 문제에서 과거 성공 경험으로 옮긴다. 그리고 그 경험에서 배울 점을 찾도록 유도한다. "그 경험에서 착안할 사항은 무엇일까요?"

이처럼 '머리를 열어주는 질문'은 대상자가 스스로 해결책을 발견하도록 돕는다. 리더가 답을 주는 것보다 훨씬 강력한 효과가 있다.

4. 효과적인 질문 리스트를 준비한다

코칭 기술을 활용할 때에는 효과적 질문을 수집하고 연습하는 것이 중요하다. 다음은 대안 탐색 부분에서 고려할 만한 질문 리스트다(인터넷 검색으로 많은 질문 리스트를 구할 수 있다). 이 부분을 출력해 다이어리나 태블릿PC 케이스 안쪽에 꽂아두고 미팅 전에 쭉 살펴본 후 효과적인 질문 몇 개를 추려 실제로 던져보기 바란다.

- 과거에 유사한 일을 해결했던 경험은 무엇인가?
- 과거 유사한 순간에서 어떤 접근 방식과 행동을 활용했는가?

- 이전에는 지금과 같은 상황을 경험한 바 있는가?
- 상황을 변화시키기 위해 당신이 할 수 있는 일은 무엇인가?
- 당신에게 어떤 대안이 있는가? 그중 가장 선호하는 게 무엇인가?
- 과거의 성공했던 경험과 다른 점이 무엇인가?
- 다른 사람이었다면 어떤 접근을 했을까?
- 장애 요소가 없는 조직에 속해 있다면 지금 바로 무엇을 할 수 있는가?
- 과거 하지는 않았지만 실천하면 효과적일 방법은 뭐가 있는가?
- 실행할 대안 하나만 고른다면 무엇인가?
- 만약 실패를 염려하지 않는다면, 무엇을 하겠는가?

이러한 질문을 상황에 맞게 활용하면, 굳이 코칭 세션이 아니더라도 일상적인 업무 대화에서 직원의 잠재력을 끌어낼 수 있다.

5. 기다림의 기술을 연마한다

효과적 질문을 던졌다면 이제 기다려야 한다. 이것이 가장 어렵다. 직원이 답을 찾기 위해 고민하는 시간이 리더에게는 답답하게 느껴진다. 그래서 참지 못하고 "이렇게 하면 어떨까?"라며 답을 제시해 버린다. 그 순간 코칭은 끝나고 지시 모드가 된다.

현업 리더가 반드시 전문 코치가 될 필요는 없다. 하루아침에 코칭 리더십으로 완전히 전환하는 것도 현실적이지 않다. 대신 효과적인 질문을 모아두고 의도적으로 사용하는 것으로 시작하라. 직원은 질문에 답하기 위해 깊이 고민할 것이고, 이 과정에서 리더는 직원의 성장을 돕는 조력자가 된다. 때로는 응답의 주도권을 직원에게 넘기고 잠시 기다림의 시간을 보내라.

한 줄 성찰

"코칭은 직원의 잠재력을 깨우는 열쇠가 될 수 있지만 모든 자물쇠를 열 수는 없다."

반전에 반전

그럼에도 코칭이 꼭 필요한 순간이 있다. 바로 직원이 스스로 답을 찾을 수 있는 의욕은 있지만, 방향을 잡지 못해 헤매는 순간이다. 이때 리더의 질문 한 마디가 길을 밝히는 등불이 된다.

또한 조직문화 차원에서 코칭 기술의 활용은 점점 더 중요해지고 있다. 최근 연구에 따르면, 젊은 직원들은 일방 지시보다 쌍방향 대화를 선호한다. 자기 생각을 표현하고, 존중받는 환경에서 더 높은 업무 몰입도를 보인다.

다만 명심할 것이 있다. 코칭은 형식이 아니라 본질이 중요하다. '코칭 미팅'이라는 이름을 붙였다고 코칭이 되는 것이 아니다. 진정으로 직원의 성장을 바라는 마음, 그들의 잠재력을 믿는 태도, 그리고 기다릴 수 있는 인내심이 있을 때 비로소 코칭은 힘을 발휘한다.

칭찬:
존재 인정의 언어

인트로

'모든 고래를 춤추게 만들 수 있을까?'

어느 대기업 팀장들의 얘기다.

"칭찬을 자주 하라고 하지만 막상 언제, 어떻게 할지 모호합니다. 시도는 해보는데 과연 동기부여가 되는지 확신이 서지 않습니다."

"평소 칭찬을 많이 하는 편이라 생각했는데, 다면평가 결과에 '칭찬이 인색하다'는 피드백이 나와 당황했습니다."

"실패한 구성원을 격려는 해야겠지만, 칭찬할 수는 없잖아요. 그저 토닥일 수도, 질책만 할 수도 없는 이 상황이 어렵네요."

칭찬은 가장 쉬운 동기 관리 수단처럼 보이지만, 현실은 다르다. 진심 없는 칭찬, 과장된 칭찬, 타이밍 놓친 칭찬은 오히려 리더십의 독이 된다. "칭찬은 고래도 춤추게 한다"고 하지만 과연 모든 고래가 춤추는 것일까? 리더의 칭찬이 때로는 효과가 없거나 역효과까지 나는 이유는 무엇일까?

통념 깨기

칭찬의 이면에 숨겨진 함정

칭찬은 많은 연구를 통해 구성원의 동기부여와 심리적 안전감에 긍정적 영향을 미치는 기법으로 알려져 왔다. 그러나 실제 현장에서는 진정성의 결여와 성과와 연계성 미흡으로 부작용을 겪는 리더가 적지 않다.

칭찬의 역효과는 대개 다음 세 가지 오해에서 비롯된다.

첫째, 칭찬은 '그냥 하면 되는 것'이라는 착각이다. 칭찬은 대상에 대한 관찰과 공감, 타이밍을 전제로 한 정교한 리더십 행동으로 인식돼야 한다.

둘째, 칭찬이 곧 동기부여로 이어진다는 오해다. 잘못된 칭찬은 오히려 성장 욕구를 약화하거나 당연히 할 일을 '칭찬거리'로 둔갑시켜 도전적 성장 욕구를 감퇴시킬 수 있다.

셋째, 여러 가지 형태의 잘못된 칭찬 관행이다. 겉으로 드러난 결과만 언급하면 과정의 노력을 간과하게 되어 구성원 스스로 본질적 가치를 인정받지 못한다고 느끼거나 동기가 떨어지는 역효과를 낳는다. 성과가 저조한 경우에는 칭찬할 마음을 먹지 않는다. 또한 잦은 칭찬은 만성이 될 수 있고 특히 진정성이 모자란, 이른바 영혼 없는 칭찬은 아무런 영향력을 발휘하지 못한다.

진심 없는 칭찬은 공허하다. 그렇다고 칭찬이 불필요하거나 효과가 없는 것도 아니다. 문제는 '칭찬' 자체가 아니라 그 안에 빠져 있는 '인정'이다.

관점 전환

인정을 중심에 두자

인정과 칭찬, 비슷해 보이지만 본질이 다르다.

칭찬은 행동(doing)과 그 결과를 평가한다. 인정은 존재(being)와 그 가치, 과정을 존중한다. 칭찬은 단기 동기부여를, 인정은 지속 성장의 원동력과 관련있다. 칭찬은 평가의 언어이지만, 인정은 성장과 육성의 언어다. 칭찬은 주로 결과를 논하지만, 인정은 과정을 이야기한다.

따라서 인정의 메시지는 결과와 함께 상대의 노력, 과정을 바라봐야 하며, 무엇보다 실패를 다룰 때는 '칭찬'이 아닌 '인정'이 필요하다.

칭찬과 인정의 메시지 차이를 비교해 보자.

"이번 프로젝트를 수주해 와서 정말 대단하다." → "어려운 프로젝트를 위해 고객 분석과 자료 준비를 매일 이어간 그 노력이 이런 좋은 결과를 만들었다."

"이번 과제는 실패했지만 괜찮다." → "새로운 방식으로 도전해 줘서 고맙다. 그 과정에서 얻는 배움이 다음 성공의 발판이 될 것이다."

인정은 성과의 유무를 넘어 '성장과 지속 가능한 조직문화'로 나아가는 다리 구실을 한다.

뒤집기 실천

인정의 리더십 기술

인정의 리더십을 펼치기 위한 실행 방안을 제안한다.

1. 과정과 시도를 인정하라

결과가 기대에 못 미쳤더라도 시도, 도전, 창의적 접근은 충분히 인정받을 가치가 있다. 실패를 다루는 리더의 언어는 조직의 심리적 안전감을 만든다.

단 '과정'을 논할 때 흔히 언급되는 딜레마가 있다. 바로 과정과 결과 중 무엇이 중요한지다. 과정 vs 결과, 이 우문에 대한 답은 '둘 다 중요하다'이다.

여전히 많은 리더가 '나는 결과만 본다, 과정이 어떻든 결과가 좋으면 다 해결된다'는 일종의 흑묘백묘론을 신봉한다. 마치 결과주의자가 프로페셔널해 보인다는 구시대적 발상이다. 물론 성과를 내야 하는 조직의 경우, 매출이 인격이고 숫자가 언어인 특성은 무시할 수 없는 현실이다. 하지만 제대로 된 과정 없이 나온 결과는 운이 좋아서였거나 지속 가능하지 않다는 한계를 갖는다.

반대로 과정이 올바르다면 당장 결과가 좋지 않더라도 다음을 기약할 수 있다. 실제로 많은 시도나 프로젝트에서 매번 성공을 거두는 것은 불가능한 일인 만큼, 좋은 과정의 축적은 궁극적으로 좋은 성과로 이어질 확률을 높인다. 물론 반대로 과정만 중시하고 결과는 등한시할 경우, 성과에 대한 책임감 없이 방관하는 우를 범하게 될 것이다.

따라서 칸트의 명언, "내용 없는 사고는 공허하고, 개념 없는 직관은 맹목적이다."를 응용한다면 이렇게 말할 수 있다. "결과 없는 과정은 공허하며, 과정 없는 결과는 맹목적이다."

2. 구체적으로, 근거와 함께 인정하라

"수고했다, 잘했다"라는 말보다 "주도적으로 아이디어를 내고 실행까지 챙긴 점이 인상적이었다"가 더 울림이 있다.

형식적 표현, 진정성 없는 멘트는 오히려 냉소와 반감을 부른다. 리더는 인정할 만한 행동을 관찰하고 근거를 마련해 행동과 영향의 연결고리를 설명할 수 있어야 한다. 단 역설적으로 진정 인정받을 행동인지, 일상적 수준은 아닌지 먼저 자세히 살펴볼 필요도 있다.

또한 개인의 성과가 명확하지 않을 경우, 조직 내에서 보이지 않게 기여한 부분까지 인정해 주자. 묵묵히 일하며 드러나지 않는 직원도 많을 것이다. 이들의 역할과 헌신에 대해 리더가 감사해 줄 때 확산적인 동기 발현을 기대할 수 있다.

3. 진심을 담은 공감의 대화로

성과가 아닌 감정을 중심으로 듣고 공감하라. 업무 스트레스로 힘든 구성원, 성과 미달로 의기소침한 팀원에게 그들의 감정과 상황을 공감하고 인정해 주자.

겉으로 드러난 성과와 결과 이전에, 그들의 감정을 존중하며 그 이면에 있는 이야기를 들어봐야 한다. 이를 위해 원온원을 통해 구성원의 마음을 듣고 기록해 볼 것을 권한다. 경쟁이 치열한 조직 생태계 속에서 업무적 관리가 중요하나 장기적·근본적 동기 관리를 위해서는 감정에 대한 터치도 병행해야 한다.

다만 원온원은 평가의 자리가 아니라 경청의 시간이 되어야 한다. 구성원은 리더가 들어주려 한다는 사실만으로도 스스로 동기를 찾는다.

4. 저성과자일수록 인정이 필요하다

저성과자라고 해도 저마다 작은 강점이 있다. 이때 작지만 '괜찮은 역량'을 연결해 시너지를 만들어주자. 리더의 세심한 관찰과 적절한 인정은 방치된 구성원을 다시 성장 궤도로 올려놓는 트리거가 된다. 이런 과정을 통해 발전하는 구성원의 역량은 궁극적으로 조직 전체의 발전으로 선순환할 것이다.

5. 개인별 맞춤형 인정

누군가는 공개적인 자리에서, 누군가는 조용한 메시지로 더 큰 동기를 느낀다. 개인의 성향에 따라 인정에도 커스터마이징이 필요하다. 시간(Time), 장소(Place), 상황(Occasion)에 맞게 인정의 방식을 달리하라.

또한 상황과 사안에 따라 작은 선물이나 정찬을 마련할 수 있다. 물론 잦은 선물은 역효과의 우려가 있고, 리더와 식사하는 것이 고역이 될 수도 있으니 분위기 파악은 필수다. 좀 더 세밀히 관리하고자 한다면 '인정/피드백 노트'를 만들어 구성원별로 기록을 남기고, 상황에 맞춰 다양한 시도를 해보는 것도 추천한다.

6. 소소하지만 강력한 인정

역지사지, 입장을 바꿔 생각하라. '내가 이 말을 듣는다면 힘이 날까?' 열정과 동기부여를 부르는 피드백일지 아니면 립 서비스로 흘려보낼 이야기인지 먼저 생각해 보자.

또한 제삼자의 입을 빌려 전하라. "김 팀장이 자네의 적극적이며 도전적인 태도를 높이 평가하더군." 타인의 관점과 의견을 통해 인정의 메시지를 전하면 객관적이면서 자연스러운 임팩트를 줄 수 있다. 또한 그 제삼자까지 인정하는 추가 효과도 볼 수 있다.

상사 앞에서 인정해 보라. "본부장님, 이번 행사는 김 대리가 아이디어 단계부터 진행까지 주도적으로 완수했습니다." 공개적이되 과하지 않게, 인정에는 타이밍과 무대가 중요하다. 중간 리더인 당신에 대한 로열티까지 덤으로 챙길 수 있다.

한 줄 성찰

"칭찬이 구성원을 춤추게 한다면, 인정은 그 마음을 행복하게 만든다."

반전에 반전

그럼에도 칭찬과 인정이 항상 답은 아니다.

첫째, 과도한 자신감을 가진 구성원이 있을 때다. 근거 없는 자신감에는 인정보다 조정이 필요하다. 자칫하면 오만해질 수 있기 때문이다. 과도한 자신감과 지나친 자부심으로 본인의 잘못이나 실수를 인정하지 못하는 구성원, 본인에 대해 제대로 알지 못하는 메타인지가 모자란 구성원의 경우 역효과를 가져올 수 있으므로 이런 구성원에게는 현실 파악 중심의 근거 기반 피드백이 필요하다.

둘째, 단순 칭찬으로 넘어갈 상황이다. 불필요하게 '존재의 가치'로 확대하면 과장된 인상만 남는다. 간단한 사안이나 결과에 대한 피드백을 할 때는 가벼운 '칭찬'이면 적당하다. 성과를 수치로 언급하며 명확하게, 결과 중심으로 언급할 상황에서 과도하고 심각하게 접근한다면 '오버'하는 리더가 될 수 있다.

셋째, 공정성과 형평성을 지킬 때다. 타 구성원 앞에서 과도한 인정은 편파적이며 불공정한 모습으로 보일 수 있고, 이는 나머지 구성원의 사기를 꺾게 된다. 위화감 조성, 질투, 자괴감 유발 등의 부작용을 유의하며, 형평성과 절제를 기반으로 인정과 칭찬을 조율해야 한다.

칭찬은 즉각적 동기를, 인정은 지속적 신뢰를 만든다. 리더는 두 가지를 균형 있게 활용하며 구성원을 진심으로 존중하는 리더십을 발휘해야 한다.

심리적 안전감:
위장된 편안함

인트로

"안전감? 안정감? 편한 분위기?"

최근 몇 년간 심리적 안전감(psychological safety)은 리더십의 핵심 키워드로 자리 잡았다. 에이미 에드먼슨(Amy C. Edmondson) 하버드대 교수가 구체화한 이 개념은 조직의 소통과 혁신, 창의적 협업의 촉매제로 널리 알려져 있다. 하지만 우리는 심리적 안전감이 곧 건강한 조직을 만들 거라는 막연한 공식에 안주하고 있는 것은 아닐까?

실제 현장의 리더들은 다음과 같은 혼란과 딜레마를 겪는다.

"내가 하는 피드백이 구성원의 안전감을 해치는 것이 아닌지 망설이게 됩니다."
"무조건 포용하는 것이 과연 맞는지, 갈등 상황을 피해야 하는 것인지 모호합니다."
"실수나 실패도 비판 없이 감싸고 신뢰하는 모습을 보여야 하나요? 그럼, 다음에 잘못해도 당연한 것으로 받아들이지 않을까요?"
"어떤 얘기든 들어주고 수용하려 노력하는데, 정작 팀원들은 침묵만 이어갑니다."

실제로 리더들은 이런 모호함, 괴리, 예외적 상황에서 오는 딜레마에 고민한다. 그토록 중요한 심리적 안전감을 현실에 적용하기 어려운 이유는 무엇이며 어떤 오해가 있는 것인가?

통념 깨기

불편한 진실의 수용

심리적 안전감에 대한 오해는 '편안한 직장 분위기' '어떤 아이디어도 수용해 주는 환경' '갈등의 최소화'라는 환상에서 비롯한다.

1. 심리적 안전감 = 편안함?

에드먼슨 교수는 심리적 안전감이 언제나 편하고 친절한 분위기를 만드는 것이 아니라, 불편하고 어려운 진실도 거침없이 말할 수 있는 환경이라고 강조한다. 즉 동료와 구성원에 대한 솔직한 피드백이나 상사에 대한 건설적 직언도 스스럼없이 나눌 수 있는 것이 안전감의 본질이다.

2. 모든 아이디어를 수용?

심리적 안전감은 다양한 의견 개진을 장려하지만, 그것이 모든 아이디어의 실행으로 이어지는 것은 아니다. 채택할 의견을 찾기 위한 건설적 검증과 충돌의 과정이 필수이며, 일부는 합의 또는 승인되지 않는다. 다시 말해, 누구나 의견을 낼 수 있지만 모두 반영된다는 의미는 아님을 이해해야 한다.

3. 갈등은 회피 대상?

안전감을 유지하기 위해 갈등과 비판을 억제해야 한다는 오해도 만연하다. 오히려 건강한 갈등과 토론이 안전감의 힘을 발휘하게 만든다. 다양한 견해가 인정되고 자연스러워질 때, 갈등이 불편하지 않은 안전감의 영역으로 들어갈 수 있다. 미팅 시에도 서로 편하게 맞춰주는 것이 아닌, 때로는 불편한 논쟁이 오가는 '건강한 긴장' 상태가 진정한 안전감이다.

4. 안전감 vs 안정감, 커리어의 안정성?

간혹 심리적 '안전감'과 심리적 '안정감'을 혼동하고 오용하는 경우가 있다. 심리적 안정감은 개인의 심리 상태를 말하는 것으로, 마음의 안정이나 동요 없는 정서적 균형을 의미한다. 즉 감정과 마음을 다스리는 개인의 영역이다. 반면 심리적 안전감은 조직, 그룹 내 상호작용 및 소통과 관련한 대외적·집단적 의미가 있다. 따라서 심리적 안전감에 대한 약속이 직장 내 고용을 보장하거나 직업 안정성을 담보로 한다는 것은 큰 착각임을 인지해야 한다.

관점 전환

불편함을 수용하는 용기

이러한 오해를 넘어 심리적 안전감이 조직에서 제대로 작동하기 위해 다음 두 가지 질문에 대한 답을 찾아야 한다.

'우리 조직은 불편함에 익숙한가? 어떠한 도전도 허용하는가?'

'솔직한 피드백과 갈등은 조직의 성장과 성과로 연결될 수 있는가?'

에드먼슨 교수는 심리적 안전감의 핵심을 '말하지 않으면 위험이 커진다'는 현실에서 찾는다. 공감이나 포용을 단순히 따뜻한 분위기와 무비판적 인정이란 프레임에 가두지 말고, 실수를 드러낼 수 있는 용기가 진정한 안전감의 시작임을 알아야 한다. 그런 안전감 속에서 각기 다른 관점이 충돌하면서 발전적인 혁신이 창발할 수 있다. 또한 모두가 자유롭게 말하고 건강하게 논쟁할 때 결과 지향적 소통이 가능해져 성과로 연결될 수 있을 것이다.

또한 갈등을 피하는 문화가 아닌 건강하게 받아들이는 연습이 필요하다. 리더 역시 솔직한 피드백이 조직 분위기를 해칠까 걱정하지 말고, 갈등 상황을 수용하는 조직으로 만들기 위해 노력해야 한다. 단 내부 신뢰와 솔직함이 모자란 표면적인 '가짜 안전감'은 오히려 조직의 건전성과 경쟁력을 약화할 수 있으므로 리더들은 지속적인 자기 점검과 주의를 기울여야 한다. 정리하면 다음과 같다.

- 최고의 조직은 많은 실수를 공유한다. '잘못했다'가 아닌, '잘못한 것에 대한 솔직한 논의와 피드백'을 통해 개선 사항을 도출하며 성과를 지향한다.
- 단순 허용과 포용을 넘어, 서로에게 기대하는 것과 요청할 내용을 나누는 문화를 만들어야 한다. 참아주는 것이 아닌 건설적 불편함을 만들며, 이 '불편함이 불편하지 않은' 문화로 정착되도록 리더의 환경 조성이 필요하다.
- 심리적 안전감은 '목표'가 아닌, 성과와 목적을 달성하기 위한 '문화적 수단'이다.

뒤집기 실천

의도적 실행법

그렇다면 현장에서 심리적 안전감을 제대로 구현해 조직문화로 정착

시키기 위해 어떻게 해야 할까?

1. 리더의 취약성을 활용하라

브레네 브라운(Brene Brown) 휴스턴대 교수가 강조하듯, 리더가 자신의 약점, 실수, 어려웠던 경험을 먼저 공유하고 인정할 때 구성원도 자신의 실수나 의견을 숨기지 않고 드러내게 할 수 있으며, 이를 통해 조직 전체의 심리적 투명성과 신뢰도를 높일 수 있다. 리더가 약점을 감추려 하거나 완벽해 보이려 한다면 구성원 역시 스스로 그래야 한다고 느끼고 자신의 약점이나 의견을 숨기게 된다. 신뢰하기 때문에 약점을 드러내는 것이 아니라 약점을 인정하고 보여줌으로써 신뢰가 생기는 것이며, 서로 취약성을 공유하는 조직문화가 확산할 수 있다. 사례로 페이스북의 셰릴 샌드버그(Sheryl Sandberg) 전 COO(최고 업무 책임자)가 공식 회의에서 자신의 실수를 공개함으로써 피드백 문화가 확산된 경우를 참고해볼 만하다.

실무에서는 리더가 정기적으로 실수 사례를 공유하는 시간을 캐주얼한 분위기에서 진행하며, '나의 실수담'을 발표하는 액티비티를 시도해 보면 효과적일 것이다.

2. 불확실성에 대해 오픈하라

리더는 '이번 일은 처음 시도하는 것인 만큼 실패할 수도 있다'는 사실을 공개적으로 공유하며 시도 자체에 가치를 두는 분위기를 만들 필요가 있다. 이는 구성원으로 하여금 실패에 대한 불안감에서 벗어나 자유롭게 아이디어를 개진하며 추진하게 할 것이기 때문이다.

실제 프로젝트를 시작할 때, 워크숍 등에서 이전 실패 사례와 그를 통한 교훈(lesson learned)을 나누는 세션을 운영해 보는 것도 좋은 방법이다. 흔히 리더는 과정보다 결과에 중점을 두는 경우가 많은데, 팀원들이 결과만큼 과정의 중요성을 인식할 수 있게 해주는 것이 필요하다.

3. 건설적인 갈등을 독려하라

갈등 상황에 대한 정의를 부정적 환경이 아닌 더 나은 방향으로 가기 위한 과정으로 인식시키자. 격렬한 논쟁이 벌어진다는 것은 아이디어의 건강한 충돌이란 메시지를 반복해 전달해야 한다. 단 여기서 나온 결과에 대해 합의 과정을 거친 후 실행에 어떻게 옮길지 체계화하는 프로세스를 정립하는 것이 중요하다.

미팅 시작 전 '모든 반론은 인정하지만, 반대를 위한 반대나 인신공격은 금지한다' 같은 원칙을 명시하는 것이 좋을 것이다. 또한 너무 한 방향으로만 흘러가는 분위기이거나, 반대 의견을 내기 어려운 환경이라면 반대 의견을 논리적으로 제시하는 역할을 지정하고 돌아가며 맡기는 것도 방법이 될 수 있다.

리더는 이러한 활동을 일회성으로 끝내지 말고, 지속적이고 일상적인 시스템으로 만드는 것이 중요하다. 구성원들이 억지로 따라 하며 이러다 말겠지 하는 순간 심리적 안전감은 공염불로 전락할 것이다. 리더가 솔선

수범해 실행하고 역할을 분배하며 현실적인 성과로 연결될 수 있음을 보여줄 때 심리적 안전감은 조직의 문화로 정착되고 혁신의 기반으로 자리 잡을 수 있다.

한 줄 성찰

"심리적 안전감은 안정감이나 편안함이 아니다. 불편하지만 성과와 연결하는, 용기 있는 리더십이다."

반전에 반전

이러한 심리적 안전감에도 예외적 상황은 존재한다.

첫째, 무엇이든 말할 수 있지만 아무거나 말해도 되는 것은 아니다. 리더는 구성원이 의견을 개진하려는 초반, 과감히 멈춤을 외쳐야 할 때가 있다. 주제와 지나치게 동떨어진 얘기나 산만한 진행이 예상될 때, 리더의 재량으로 궤도를 유지할 필요가 있다. 흔히 말하듯 배가 산으로 가는 것은 막아야 한다.

둘째, 최종 의사결정 단계에 있거나 급박한 상황에서는 포용성보다 추진력이 필요할 수 있다. 결정이 지연되는 데 대한 구성원의 불안감과 프로젝트의 실패는 막아야 하기 때문이다.

셋째, 전적으로 어떤 코멘트 없이 무조건 들어줘야 할 때도 있다. 평소 상황(BAU, Business as Usual) 수준이 아닌, 순수 아이데이션이나 브레인스토밍 미팅일 경우, 완전한 수용-경청의 공간을 의도적으로 설계해 창의성을 발휘할 수 있게 해야 한다.

자율성:
명확한 경계 속의 자유

인트로

자율의 이름으로 벌어지는 혼돈

자율성이 조직의 핵심 화두가 된 지 오래다. '통제에서 자율로, 지시에서 권한 위임으로, 수직에서 수평으로'를 기치로 기업마다 자율적 조직 운영 방안을 도입했다. 출퇴근 시간을 유연하게 하고, 재택근무를 허용하고, 의사결정 권한을 분산했다. 2030세대 직원은 자율성을 원했고, 리더들은 간섭하지 않는 것이 답이라고 믿었다.

그런데 현장에서는 이상한 일이 벌어지고 있다.

"자율적으로 하라고 했더니 오히려 더 혼란스러워요." 최근 만난 한 스타트업 대표의 말이다. 그의 회사는 수평적 문화로 유명했다. 누구나 자유롭게 의견을 내고, 각자 일하는 방식을 선택할 수 있었다. 그런데 프로젝트는 지연됐고, 회의에서는 같은 질문이 반복됐다. "이거 누가 맡기로 했죠?" "여기까지가 우리 범위인가요?"

이는 한 회사만의 이야기가 아니다. 자율성을 강조한 많은 조직에서 비슷한 풍경이 펼쳐진다. 최고의 인재를 뽑았고, 자율성을 주었고, 원하는 환경을 만들었는데, 정작 조직은 방향을 잃고 표류한다. 자율성이 방임이 되고, 자유가 불안이 되고, 수평이 무책임이 된다.

통념 깨기

자율성은 '알아서 하세요'가 아니다

대부분의 리더가 자율성을 이렇게 정의한다. '간섭하지 않는 것, 지시하지 않는 것, 자유롭게 두는 것.' 통제의 반대편에 자율이 있다고 믿는다. 그래서 "자율적으로 해보세요"라고 말하고, "창의적으로 생각하세요"라며 물러선다. 이것이 구성원을 존중하는 태도라고 생각한다.

현장의 진실은 다르다. 자율적으로 하라고 했더니 각자 다른 방향으로 달린다. 창의적으로 하라고 했더니 뭘 해야 할지 몰라 멈춰버린다. 자유롭게 판단하라고 했더니 책임질까 두려워 아무 결정도 내리지 못한다.

그렇게 자율성은 방임이 되고, 자유는 불안이 되고, 조직은 에너지를 잃는다.

왜 이런 일이 벌어지는가?

심리학자 배리 슈워츠(Barry Schwartz)의 '선택의 역설' 실험이 실마리를 제공한다. 스물네 가지 종류의 잼(jam)을 제시했을 때 사람들은 구매를 망설였지만, 여섯 가지로 줄이자 쉽게 선택하고 구매했다. 선택지가 너무 많으면 오히려 결정을 내리지 못한다. 모든 옵션을 비교하고 평가하는 과정에서 판단력이 마비되기 때문이다.

이는 조직에서도 동일하게 나타난다. "자유롭게 해도 된다"는 말은 구성원에게 자유가 아니라 혼란을 준다. 무엇을 선택해야 할지, 무엇이 옳은 방향인지 판단할 기준이 없기 때문이다. 사람들은 제약이 없을 때가 아니라, 명확한 경계 안에 있을 때 비로소 움직인다.

관점 전환

틀이 있어야 자유롭다

그렇다면 진짜 자율성은 무엇인가?

'무엇을, 왜'는 명확하게 정렬하고, '어떻게'는 자유롭게 선택하는 것. 이것이 자율성의 작동 원리다. 방향은 리더가 제시하되, 그 안에서 방법은 구성원이 결정한다. 명확한 목표와 방법의 자유, 이 둘이 만났을 때 조직은 움직인다.

어느 IT 기업의 개발 담당 임원은 팀에 '이번 분기 고객만족도 90% 달성'이라는 목표를 제시했다. 그러곤 한 마디를 덧붙였다. "어떻게 달성할지는 여러분이 가장 잘 알고 있습니다."

구성원들은 스스로 병목 지점을 분석했고, 각자의 전문성으로 해결책을 설계했다. UX 디자이너는 인터페이스를 개선했고, 개발자는 응답 속도를 높였으며, CS팀은 피드백 시스템을 재설계했다.

같은 시기, 다른 팀은 달랐다. 리더는 세세한 업무 매뉴얼과 단계별 체크리스트를 배포했다. 하지만 결과는 실망스러웠다.

팀원들은 "시키는 대로 했는데 뭐가 문제인지 모르겠습니다"라고 말했다. 어떻게 해야 하는지는 알았지만, 왜 해야 하는지는 몰랐다. 무엇을 달성하기 위한 일인지 이해하지 못했기에 상황이 바뀌었을 때 스스로 판단할 수 없었다.

재즈 연주를 떠올려보자. 무대 위 연주자들은 즉흥연주를 한다. 하지만 무작위로 소리를 내는 것이 아니다. 정해진 코드 진행이 있고, 리듬 구조가 있고, 곡의 형식이 있다. 틀이 있기에 자유로울 수 있고, 제약이 있기에 창의적일 수 있다. 조직의 자율성도 같다.

방향 없는 자율은 방임이고, 자유 없는 방향은 강압이다. 리더의 원칙과 기준이 더 명확해질수록 구성원은 더 자유로워진다. 목표가 선명할수록, 방법의 선택지는 넓어진다. 자율성의 전제 조건은 자유가 아니라 명확성이다.

뒤집기 실천

자율성을 작동시키는 다섯 가지 장치

그렇다면 현장에서 어떻게 해야 하는가? 추상적인 원칙이 아니라 구체적인 방법이 필요하다. 자율성은 '방향은 리더가, 방법은 구성원'이 결정하는 구조다. 자율성을 준다고 해서 리더의 역할이 사라지는 건 아니다. 적절하게 변화하는 것이다.

1. 목표와 함께 이유를 제시하라

목표만 던지면 과업이 되고, 이유만 말하면 추상적이 된다. 구성원은 "왜 이 숫자인가? 왜 지금인가?"를 궁금해한다. 목표와 이유를 함께 제시해야 구성원이 방향을 이해하고 움직인다.

"이번 분기 전환율 20% 향상해 주세요." 이렇게 숫자만 제시하면 구성원은 단순 과제로 받아들인다. 반면 목표와 이유를 함께 제시하면 어떨까? "이번 분기 전환율을 20% 높여야 합니다. 우리 서비스의 가장 큰 병목이 가입 후 사용 전환 단계이고, 이 수치가 개선돼야 다음 투자 유치가 가능하기 때문입니다."

실행 체크리스트는 다음과 같다.

목표를 말할 때 바로 다음 문장에서 '왜냐하면'을 붙여라. 숫자 목표에는 맥락을 추가하라. 경쟁사 대비, 이전 대비, 투자 조건 등의 배경을 설명한다. "무엇을 달성하면 성공인가?"의 기준을 구체적으로 정의한다. 그리고 팀에 "이 목표가 왜 중요한지 이해되나요?"를 확인한다.

목표와 이유가 정렬되면, 구성원은 스스로 최선의 방법을 찾기 시작한다.

2. 방법의 선택권을 넘겨라

방법까지 지시하는 순간 구성원은 생각을 멈춘다. 지시받으면 실행자가 되고, 문제를 받으면 해결자가 된다.

방법까지 지시하는 경우를 보자. "고객 만족도를 높이기 위해 응답 속도를 개선하세요. UX 팀은 버튼 위치를 수정하고, 개발팀은 API 호출을 최적화하세요." 이렇게 하면 구성원은 시키는 대로만 한다. 반면 방법을 열어두면 어떨까? "고객 만족도 90% 달성이 목표입니다. 현재 가장 큰 불만은 응답 속도입니다. 어떻게 개선할지는 여러분이 가장 잘 알 겁니다." 이렇게 하면 구성원은 스스로 방법을 설계한다.

실행 원칙은 이렇다. "어떻게 할지는 팀에서 결정해 주세요"라고 명시적으로 말한다. 회의에서 방법을 제안하고 싶어도 참는다. 질문으로 전환한다. "어떻게 접근하면 좋을까요?" 제안이 필요하면 이렇게 말한다. "제 생각에는 A, B 방법이 있을 것 같은데, 다른 아이디어 있나요?" 절대 "이렇게 하세요"로 끝내지 않는다.

방법의 선택권을 넘기는 순간, 일은 '시킨 것'에서 '내 것'으로 전환된다.

3. 자유의 범위를 정의하라

자유가 무제약을 의미하지 않는다. 경계 없는 자유는 불안을 만든다. "마음대로 해도 돼"라는 말을 들은 구성원은 오히려 소극적이 되거나 혼란에 빠져 무책임해진다.

경계 설정 영역은 다음과 같다. 예산은 '500만 원 한도'로 명확히 한다. 시간은 '2주 내 1차 결과'로 정한다. 품질은 '브랜드 가이드라인 준수'로 기준을 제시한다. 권한은 '100만 원 이상 집행 시 사전 공유'로 범위를 정한다. 원칙은 '고객 데이터 보안 규정 필수'처럼 지켜야 할 것을 명시한다.

실전 적용 사례를 보자. "캠페인 목표는 신규 가입 500명입니다. 예산은 500만 원, 브랜드 가이드라인 준수, 새로운 채널 테스트는 자유롭게 하되, 100만 원 이상 집행할 때는 미리 공유하세요. 이 범위 안에서 자유롭게 진행하세요."

판단 기준까지 제시하면 더욱 효과적이다. "고민되는 순간이 있을 겁니다. 그때는 이렇게 판단하세요. '이 지출이 고객 획득 단가 1만 원 이하를 유지하는가?'를 기준으로 판단하고, 모호하면 논의합시다."

신호등이 있어야 운전자가 자유롭게 달릴 수 있듯, 경계가 명확해야 구성원은 안심하고 창의적으로 움직인다.

4. 확인하되 간섭하지 않는다

체크가 없으면 방임이 되고, 지나치게 개입하면 통제가 된다. 목표 달성은 확인하되, 방법에는 개입하지 않는 것이 핵심이다.

실행 가이드는 다음과 같다. 주간 체크인을 정례화하되, 안건은 '진행 상황 + 지원 요청'으로 제한한다. 방법에 대한 의견은 질문 형태로 제시한다. "~도 고려해 봤나요?" 강요는 하지 않는다. "잘하고 있어요" 대신 "이 부분이 목표에 잘 맞네요"로 구체적 피드백을 준다. 이때 리더는 앞에서 방향을 지시하는 길잡이가 아니라, 뒤에서 자원을 공급하는 보급 담당이다.

목표를 확인하고, 방법을 존중할 때 자율성은 지속된다.

한 줄 성찰

"자율성이란 직원을 방치하는 것이 아니라, 그들이 맘껏 역량을 발휘할 수 있는, 확실히 짜여있는 무대를 만들어주는 것이다."

반전에 반전

자율성은 누구에게나 주어지는 권리가 아니라 책임감과 역량이 뒷받침돼야 하는 특권이다. 그러므로 예외 상황이 발생할 수 있다.

첫째, 신입 사원이나 역량이 부족한 구성원에게는 단계적 자율성이 필요하다. 처음부터 완전한 자율을 주면 방황한다. 초기에는 구체적 가이드를 주고, 역량이 쌓이면 점진적으로 자율성을 확대한다.

둘째, 위기 상황에서는 자율보다 지시가 우선이다. 긴급한 문제가 발생했을 때, "어떻게 할지 생각해 보세요"라는 말은 무책임하다. 명확한 지시와 빠른 실행이 필요하다.

셋째, 자율을 악용하는 경우다. 자율성을 방패로 책임을 회피하거나, 조직의 방향과 무관하게 개인의 관심사만 추구한다면 즉각적인 개입이 필요하다.

동시에 '무엇을 달성해야 하는지, 왜 중요한지, 언제까지인지' 명확히 하되, 구성원의 자율적 판단을 존중하는 균형이 중요하다. 자율성은 방임도 통제도 아닌, 명확한 방향 속의 자유로운 실행이다.

워라밸:
통합 없는 기계적 균형

인트로

"칼퇴하면 좋은 건 줄 알았는데…"

어느 조직이 '워라밸'을 위해 새로운 제도를 도입했다. 업무 시간을 엄격히 제한하고 야근을 방지하는 자체 시스템을 구축해 가동했다. 규정된 퇴근 시간 이후 남아 있는 직원은 없었다. 이른바 워라밸을 실제로 시행한 사례다.

업무를 정해진 시간에 종료하는 게 원칙인 저녁이 있는 삶에 대해 직원들은 어떻게 생각했을까? 의외의 답변이 많았다. 일단 업무 시간이 줄어드니 점심시간도 마음이 급한 날이 많아졌다고 했다. 할 일이 너무 많은데 곧 업무가 강제 종료될 것을 생각하면 한 시간도 마음 편히 식사 시간을 누리기 어렵다는 것이다. 그리고 외근이 많은 직군의 불만이 상당했다. 외근과 실무를 동시에 처리하기에 빠듯한 날이 이어졌다. 업무 방향에 대해 고민하는 경우도 있었다. 하루하루가 너무 숨 가쁘게 돌아가니 제대로 된 성과를 내는 것인지 모르겠다며 걱정하는 직원도 생겼다.

조직 차원에서 저녁이 있는 삶, 워라밸을 실천하라고 시행한 제도인데 왜 이런 불만이 나올까?

통념 깨기

근무시간이 줄어도 워라밸이 안 되는 이유

워라밸(Work & Life Balance)이라는 말은 1970년대 영국 여성해방운동에서 나온 단어다. 여성의 경제활동이 증가하면서 가사와 업무 병행으로 노동강도가 높아지면서 이를 해소하기 위해 등장한 것이다. 한국은 2018년 7월 주 40시간제(최장 52시간)가 시행되면서 워라밸이라는 단어가 본격 확산했고, 이후 팬데믹이라는 커다란 변화를 거치며 빼놓고 이야기할 수 없는 단어로 자리 잡았다. 워라밸을 준수하는 것을 복지로 내세우는 것이 기본인 시대가 되었다.

그런데 워라밸을 단순히 일하는 시간을 통제하고 나머지는 그냥 쉬라는 의미로 아는 것에서 문제가 발생한다. 위의 사례처럼 할 일이 남았는데도 강제로 종료해야 하거나 업무에 필요한 절대적 시간 자체가 부족하다면 쉬는 것도 쉬는 것이 아니기 때문이다. 이는 2022년 한국인력학회에서 발간한 「밀레니얼 세대의 일과 삶의 균형과 직무 만족」이라는 논문에서도 드러난다. 이 논문에 따르면 일과 여가 혹은 가정생활의 균형은 삶에 긍정적 영향을 크게 주지 않는 것으로 나타났지만, 일과 성장의 균형이 확보될수록 직무만족도가 높은 것으로 나타났다. 일을 통해 성장할 수 있다면 근무시간 자체는 중요도가 낮다는 이야기다.

워라밸을 단순히 일하는 시간만을 줄이면 성립된다는 생각은 조직 우선주의에서 비롯했다. 회사 차원에서는 효율성이 높은 쪽을 택하는 것이 유리하기 때문이다. 그러나 구성원은 부품이 아니다. 단순히 일하는 시간만을 따지는 것이 워라밸이라는 생각을 바꿔야 한다.

관점 전환

성장을 위한 밸런스 맞추기

워라밸의 '밸런스'를 단순히 50:50으로 생각하는 세태를 바꿀 필요가 있다. 밸런스는 부족하면 채우고 과하면 낮추는 것을 의미한다. 이를 업무로 치환하면 업무가 과하거나 시간이 길어진다면 업무의 양을 줄이거나 강도를 낮추고, 새로운 업무나 프로젝트가 생긴다면 탄력받도록 업무 집중 시간과 인력을 투입하는 행동이 될 것이다. 한창 업무에 집중하는 구성원에게 오늘 업무 시간이 끝났으니 중단하라는 것은 구성원의 업무 의욕을 오히려 꺾어버리는 결과를 낳는다. 때로는 일에 집중하도록 지원하는 것이 워라밸을 구현하는 길이다.

또 한 가지, 일방적인 워라밸은 업무 강도를 고려하지 않은 경우가 대부분이다. 단순히 업무 시간만 계산하기 때문이다. 모든 직군이 동일한 환경에서 근무하지 않는데도 일률적인 워라밸을 적용하는 것은 앞에 언급했듯이 효율성이 우선이기 때문인데, 장기적 관점에서 구성원에게 좋지 않은 평가를 가져온다는 점을 상기할 필요가 있다. 이제는 구성원의 성장을 고려한 워라밸 도입을 고민해야 하는 시대가 됐다.

뒤집기 실천

일과 개인 모두 존중하는 문화

워라밸을 허울 좋은 껍데기 문화가 아닌 진정한 밸런스로 실천하기 위한 몇 가지 아이디어를 제시한다. 일과 삶은 분리의 대상이 아니라 조화를 이루는 대상이다. 이를 위한 실행 방안이 필요하다.

1. 업무에 집중하는 시간을 방해하지 말자

직원이 업무에 집중하고 있을 때 퇴근을 종용하지 말 것을 권한다. 열심히 일하는 그도 사실 퇴근하고 싶다. 그러나 정시 퇴근도 미루고 일하는 데는 이유가 있다. 몰입이 잘 되는 시간대가 다르거나, 성과와 성장을 기대하며 일하고 있을지도 모른다. 몇몇 리더는 구성원의 퇴근이 늦어지면 그대로 두는 것을 주저한다. 구성원을 내버려두고 혼자 퇴근하는 무능력한 리더로 보일지도 모른다는 걱정이 드는 경우가 많아서다. 그러나 구성원 개인의 의지를 응원해 주는 것이 그의 워라밸을 존중하는 태도가 될 수 있다는 점을 기억하자. 집중을 방해하고 싶지 않다면 조용히 퇴근해도 좋다.

응원이 필요하다면 작은 간식을 선물하거나 "이번 주까지만 좀 더 힘냅시다. 다음 주에는 연차라도 하루 쓰는 건 어때요?"라고 거창한 응원 대신 한마디 건네는 것도 그 구성원에게는 충분한 힘이 될 수 있을 것이다. 한창 집중하는 직원에게 필요한 것은 그 업무를 완료해야 한다는 의지와 할 수 있다는 확신이다. 아울러 구성원이 업무를 완료했다면 연차 사용 등을 권유해서 충분한 휴식 시간을 스스로 확보하는 기회를 부여해 보자. 열심히 일하고 나면 편안한 휴식이 따라오는 것을 알게 되면 업무 역량은 물론 성장에도 큰 자양분이 될 것이다.

만약 강제 퇴근 제도를 시행 중인 조직이라면 먼저 이야기한 야근 자체가 불가능할 것이다. 이런 경우 이후에 나오는 이야기인 공동의 시간과 반대로 개인 업무 시간을 정해 보자. 정해진 시간과 기간만큼은 되도록 회의나 면담도 자제하는 식이다. 주어진 시간이 한정된 만큼 성과를 기대하는 구성원이라면 업무에 몰입할 가능성이 높다. 개인 업무 시간 존중도 워라밸을 지키는 좋은 방법이다.

2. 공동의 목표를 위한 함께하는 시간을 정하자

나에게 중요한 워라밸, 함께 일하는 구성원에게도 중요하다. 모두의 워라밸을 존중하기 위해서는 함께 세운 목표에 대해 다 같이 모여 이야기하는 시간을 확보해야 한다. 팬데믹 이후 재택근무와 유연근무제를 시행하는 조직에서 워라밸의 어려움을 토로하는 이유 중 하나는 '함께 이야기할 시간을 만들기 어려워서'인 경우가 제법 많다. 가령 주 2회, 1일 2시간을 함께 일하는 시간으로 만들어보자. 중요한 점은 이 시간은 조직의 하나 된 목표를 달성하는 데 필요한 시간이라는 점이다. 즉 협업하는 시간이다. 함께 이야기를 나누고 논의하는 물리적 시간을 확보하지 못하면 어느 일방이 대기하거나 업무 진척도에 문제가 생길 가능성이 높다. 당연히 워라밸에도 영향을 미칠 것이다. 조직의 목표 달성을 위해 모두가 모이는 시간과 기간은 반드시 정하고 지켜야 한다.

3. 자기계발을 존중하자

퇴근 후 새로운 것을 배우거나 사이버대학교 등을 다니거나 석박사 학위에 도전하는 등 다양한 형태의 자기계발 활동을 하는 사람이 많아졌다. 또한 명상이나 심리학 모임 등 내면을 단단하게 만드는 자기계발 활동의 범위도 늘어나고 있다. 이런 활동을 하는 직원들을 온전히 존중하는 것이 구성원의 워라밸을 지키는 길 중 하나다. 워라밸을 퇴근하면 무조건 쉬는 것으로 생각하는 일부 리더 중 "그런 걸 왜 해요?" 식으로 반문하는 사람들이 있는데 절대 금물이다. 퇴근 후의 삶은 전적으로 개인에게 달려 있다. 그 선택에 대해 설령 단순하게 궁금하더라도 왜냐고 묻지 않는 것이 구성원의 밸런스에 대한 예의다. 정 궁금하다면 "나도 궁금한데 어떤 점이 도움이 되나요?" 혹은 "나중에 업무에 도움이 되는 점이 있나요? 나도 도전해 보고 싶네요." 등 구성원의 밸런스 노력에 공감하는 태도를 우선해야 한다.

한 줄 성찰

"워라밸은 일과 개인의 긍정적인 조화와 통합을 이루는 것이다. 무조건 50 : 50이 아니다."

반전에 반전

드물지만, 워라밸을 강제로 적용하거나 워라밸을 제외해야 하는 경우가 존재한다.

워라밸을 강제로 적용해야 하는 경우는 특별한 이유 없이 야근을 일삼는 상태다. 이는 업무 시간 내 집중력 저하와 관계가 있을 가능성이 높다. 업무 시간은 정해져 있음을 주지시키고, 퇴근 시간을 준수하도록 지시할 것을 권한다. 업무 결과 역시 업무 시간 중에 확인해야 한다. 밸런스가 일에 지나치게 편중된 상태를 개선하는 것이다.

워라밸을 제외하는 경우는 정해진 규율과 관계없이 워라밸만 요구할 때다. 대표적인 사례가 '30분 일찍 출근했으니 30분 일찍 퇴근하겠다'는 주장이다. 유연근무제가 보편화했다고 하지만 아직은 지정 출퇴근 시간이 있는 조직도 많다. 그런데도 이런 요구를 하는 경우 조건을 제시하자. 30분 일찍 퇴근하되 업무 시간 내 여타의 휴게 활동을 원칙대로 제한하는 것이다. 워라밸이 칼 같은 1:1이 아니라는 것을 알려줄 필요가 있다.

워라밸의 본질은 지속가능성에 있다. 일의 비중만 높으면 지치게 되고, 휴식의 비중만 높으면 회사의 생산성이 떨어진다. 집중해서 일하고 성과를 낸 후에는 충분한 휴식을 취하고 다시 즐겁게 일에 몰두하는 것을 지속할 수 있도록 워라밸을 만드는 것, 이제는 모든 조직에서 필요하다.

조직문화:
일방적이고 모호한 강령

인트로

'이걸 조직문화라고 할 수 있을까?'

채용 포털에서 모집 공고 상세 정보를 살펴보면 기업문화에 대해 아래와 같은 항목을 어렵지 않게 볼 수 있다.

• 영어 이름 사용, 직급 없이 모두가 '님', 눈치 안 보는 연차 사용, 자율복장 출근, 회식 강요 없음, 자유로운 의견 교환, 유연/재택근무 시행

최근 수년간 많은 기업이 조직문화의 일환으로 시행하는 정책이다. 대

부분 수평적 조직문화를 표방한다.

시선을 조금 다른 곳으로 돌려보자. 기업 홈페이지의 회사 소개 화면에는 다음과 같은 핵심 가치와 인재상이 주를 이룬다.

- 진취, 창의성, 도전 정신, 주인의식, 혁신

위의 내용보다 무겁고 추상적으로 느껴진다. 어쩐지 촌스러운 느낌도 난다. 앞선 사례들은 모두 어떤 조직문화를 표방하고 있다. 그런데 과연 이걸 조직문화라고 말할 수 있을까?

통념 깨기

조직문화는 몇 가지 규율이나 구호로 만들어지지 않는다

수년 전 투자시장 호황기에 스타트업을 중심으로 조직문화 만들기 붐이 일었다고 생각하는 경우가 많다. 그러나 조직문화는 옛날부터 대부분의 조직에서 강조해 왔다. 우리가 아는 기업 철학과 핵심 가치가 바로 조직문화를 구성하는 요소다. 이 방식은 조직문화를 브랜딩의 차원으로 만들려고 한 경우가 많아 최근의 표현 방식과 결이 다른 것뿐이다.

그렇다면 서두에 언급한 채용 공고에 나온 항목은 왜 기존 조직문화와 전혀 다른 형식으로 표현하고 있을까? 이건 세대 변화와 연관이 크다. 추상적이고 거창한 슬로건이 아닌 가볍고 직관적인 내용으로 조직문화를 표현하겠다는 의지에 가깝다.

사실 둘 다 충분한 조직문화라고 하기 어렵다. 한쪽은 조직문화가 아니라 회사가 정한 규율을 문화로 격상하려는 시도이고, 다른 한쪽은 실질적인 문화를 표현하지 못한 빛 좋은 개살구에 가깝다. 이러한 부족한 조직문화는 당장 만들 때는 문화로 보일지 몰라도 시간이 지날수록 그 의미가 흐려지는 경우가 대부분이다. 더 큰 문제는 지금처럼 글로벌 차원의 불황기에 조직문화를 우선순위에서 배제하는 경우다. 당장의 매출과 실적이 급한데 문화를 내세울 틈이 어디 있겠는가? 심지어 조직문화가 있다고 하는 조직에서도 "조직문화가 엉망이라 일이 안 돌아간다"고 푸념하는 구성원도 많다. 내세운 조직문화가 올바르게 발현되지 않기에 이런 불만이 나오는 것이다.

관점 전환

지속 가능한, 모두를 위한 조직문화

어느 공기업의 사례를 소개한다. 기관장이 새로 부임하면서 이 기관은 기존에 사용하던 직급 체계를 모두 없애는 변화를 시도했다. 결과는 의외였다. 직급이 없어지니 선배와 후배라는 개념이 없어지면서 오히려 견인과 조력의 관계가 붕괴했다. 선배 위치의 직원은 이제 후배가 없으니 챙길 필요가 없다는 태도였고, 이에 따라 후배들은 따르고 존중할 선배가 없어지는 결과를 맞았다. 수평이라는 개념 자체에만 매몰되면 조직의 지속가능성도 위협받을 수 있음을 보여주는 극단적 사례다.

이런 경우 먼저 길을 간 선배로서는 리더의 역할을 할 이유가 없어진다. 선배가 없는 후배들은 성장하는 과정에서 생기는 고충을 토로할 상대가 없고, 이는 성장을 견인할 사다리가 조직에 없음을 의미한다. 시간이 흐를수록 성장을 꿈꾸는 인재들은 이들이 원하는 사람들이 있는 곳으로 떠나는, 다시 말해 인재를 놓치는 결과가 생길 수도 있다. 또한 지나친 수평 구조 강조는 빠른 의사결정 속도에도 영향을 미친다. 주도하는 구성원이 없기에 결국은 실행 속도도 늦춰지는 부작용이 따른다. 이는 장기적으로 조직의 갈등으로 이어진다.

다른 한편으로 연초 시무식에서 우리 회사는 창의성과 자율성을 가지고 혁신을 이루는 곳이라는 대표의 공표가 있었다면 정말 모든 구성원이 기발한 창의성을 발휘했는지, 자율성을 완전히 보장해서 모두가 주도적으로 일하는지, 그래서 세상에 없는 혁신을 이뤘는지 연말에 따져보면 된다. 하지만 경영진의 훈시는 좋은 말에 그치는 경우가 다반사다. 경영진 교체에 따라 핵심 메시지가 달라지는 모습도 어렵지 않게 볼 수 있다. 좀 더 오래가고, 모두에게 도움이 되는 조직문화를 다시 검토해야 할 때다.

뒤집기 실천

조직문화 형성을 위한 점검 사항

내가 속한 조직문화를 바로잡기 위해 다음의 사항을 점검해 볼 것을 권한다.

1. 행동 자체가 아닌 목적과 제약이 반드시 있어야 한다

조직문화는 행동 강령에 무게중심이 잡힌 경우가 많다. "이것이 우리 회사의 조직문화니까 이렇게 실천하세요"의 형태다. 왜 이렇게 실천해야 하는지 이유가 빠져 있으면 이에 대해 의문을 제기하거나 반발하는 구성원은 자연스러운 조직문화로 받아들이기 어렵다. 조직문화는 회사의 성장과 구성원의 단합을 위해 만들어진 것인 만큼 목적이 분명해야 한다.

또한 그 문화가 흐려지는 것을 막기 위한 제약도 함께 필요하다. 솔직함을 조직문화로 채택한다고 가정해 보자. "어떤 상황에서도 솔직해야 합니다"라는 내용만 있다면 왜 솔직하기만 해야 하는지를 알 수 없다. 아울러 '어떤 상황에서도'라는 솔직함의 범위도 모호하다. 대신 이렇게 바꿔보면 어떨까? "솔직함은 우리에게 꼭 필요한 무기입니다. 당신의 솔직함이 동료의 성장에 필요한 양분이 될 수 있기 때문이에요. 하지만 날카로운 비난은 솔직함이 아니에요. 정중함과 따뜻함을 꼭 담아주세요." 이렇게 바꾸면 제시하는 조직문화가 필요한 이유, 가동 범위가 모두 들어가게 된다. 조직문화는 정의만으로 되지 않는다는 점을 기억하자.

2. 조직에 맞는 문화를 시대에 맞게 점검한다

군대의 조직문화는 최근 다수가 거부하는 극단의 상명하복 성격을 지니고 있다. 상부가 지시하면 무조건 따라야 한다. (물론 적법한 지시에만 그렇다.) 만약 군대에서 자율성을 존중하겠다며 상명하복 문화를 아예 없애버렸다고 생각해 보자. 전쟁이 일어나면 작전은 누가 지시해야 할까?

적을 만났을 때 알아서 판단하고 각개전투를 하면 될까?

최근 조직문화가 아쉬운 점 중 하나는 우리 조직에서 선택한 조직문화가 아니면 다 잘못된 조직문화라고 단정 짓는 분위기라는 점이다. 특히 위계질서를 가진 조직문화를 극도로 경계하는 경향이 강하다. 하지만 위계질서가 지켜지는 조직문화가 필요한 조직이 아직 많이 있다. 대표적으로 안전을 최우선으로 여기는 산업군이 해당한다. 이런 조직은 개인적 판단만으로 일하다가는 위험한 상황이 얼마든지 벌어질 수 있어 상부의 지시나 통제가 필수다. 이런 조직에 수평적이고 자율적인 조직문화가 무조건 좋다는 생각은 오산이다.

아울러 조직문화를 회사의 유산으로 생각하는 때도 있다. 조직문화는 오히려 시간에 따라, 트렌드에 맞춰 수정하고 바꾸는 유연성이 필요하다. 현재 우리 조직이 어떤 상황에 있는지, 과거에 만들어진 조직문화가 지금도 변함없이 유지되고 있는지 계속 점검해야 한다. 그 과정에서 한결같은 요소가 먼 훗날 유산이 될 수는 있다. 그러나 조직문화가 영원하다는 믿음은 버리자. 과거 조직문화가 '끝없는 열정'이던 조직이 지금도 그렇다면 숨 고르기는 언제 한다는 말인가? 과거 끝없는 열정은 이제 선택과 집중으로 바꿔도 좋을 것이다.

3. 구성원 모두가 참여하고, 결론을 만들어야 한다

조직문화를 이야기할 때 자주 등장하는 단어가 컬처덱(culture deck)이다. 우리 조직의 행동과 사상 등을 명문화한 결과물을 말한다. 몇 년 전 컬처덱 전문가가 개인 공간에 컬처덱 실패 사례를 올린 것이 화제였다. 대표와 담당 팀장의 주도하에 시작된 컬처덱 제작 프로젝트가 실패한 결정적 이유는 조직 전체의 합의 없이 대표를 비롯한 소수의 생각에서 비롯한 데 있다. 애초 시작 단계에서 구성원의 합의도 없이 출발했으니 끌고 갈 사람도 없었던 것이다.

이는 두 가지를 말해 준다. 조직문화는 하나의 규범을 위해 구성원 모두가 참여해서 만들어야 한다는 점이다. 조직관리를 담당하는 HR팀 혹은 대표나 임원만이 만들 수 있다는 생각은 오산이다. 구성원 전체의 행동이 수반되지 않는데 조직문화가 형성되는 것을 기대하지 말자.

다른 하나는 조직문화가 형성될 때까지 포기하지 말아야 한다는 점이다. 저마다 다른 개인의 행동과 성향, 생각을 합치고 조합해서 하나의 문화로 만드는 과정은 당연히 어려울 수밖에 없다. 이 과정에서 지치게 되면 조직문화를 일방적으로 정해 버리는 경우가 많다. 이렇게 만들어진 조직문화는 심한 경우 없는 것보다 못한 문화로 치부될 수도 있다. 정말로 조직문화를 형성하고 싶다면 시간이 걸리더라도 구성원이 합의할 때까지 시간과 공을 들여보자. 그렇게 공들여 만들어진 문화는 조직의 성장을 견인하는 동력으로 작용하게 된다.

한 줄 성찰

"조직문화는 구성원의 행동과 합의로 발전시켜 나가는 회사의 값진

자산이다.”

반전에 반전

조직문화를 형성할 때 이것만큼은 피하자. 바로 여러 가지 항목을 한 번에 만들려는 섣부른 의지다. 지금까지 언급한 내용을 보면 조직문화라는 것이 얼마나 만들기 힘든 것인지 잘 나타나 있다. 그런데 문화라는 단어에 매몰되면 명색이 문화인데 여러 항목이 필요할 것 같은 생각이 들 수 있다. 하지만 정착된 항목이 한 가지만 나와도 분명히 조직문화는 형성돼 있는 것이다.

시간과 사람, 그리고 많은 노력이 합쳐질 때 비로소 문화는 탄생한다는 점을 꼭 기억하자. 문화는 한순간에 탄생하지 않는다. 어느 순간 자리 잡는 존재다.

04 PART

성과 편

성과:
측정 못 하면 관리 불가

인트로

숫자로 증명하지 못하면 성과가 아니다?

분기 실적 회의가 끝난 후 김 팀장은 부사장에게 불려 갔다. "이번 분기 팀 성과가 좋지 않네요. 앞으로 구체적인 수치로 보여줄 수 있나요?" 김 팀장은 당황했다. 팀원들의 협업 능력이 크게 향상됐고, 신입 사원들이 빠르게 성장했으며, 팀 분위기 역시 이전보다 훨씬 좋아졌다. 하지만 이런 변화를 숫자로 표현하기는 어려웠다.

"팀 만족도가 올랐고, 이직률이 낮아졌으며, 프로젝트 완성도까지 높아졌습니다." 김 팀장이 설명했지만, 상사는 고개를 저었다. "그건 정성적인 이야기고요. 매출 증가율은? 생산성 지표는? 고객만족도 점수는?"

결국 김 팀장은 다음 분기부터 모든 활동을 수치화하기로 했다. 팀원들의 업무 시간을 15분 단위로 기록하고, 회의 횟수와 이메일 응답 속도를 측정하며, 월별 목표 달성률을 백분율로 계산했다. 3개월 후, 모든 지표는 개선됐다. 그런데 이상한 일이 벌어졌다. 팀원들은 측정되는 것만 하기 시작했고, 협업은 줄었으며, 새로운 시도는 사라졌다. 숫자로 나타나는 지표는 좋아졌지만, 팀 역량은 오히려 떨어진 것이다.

통념 깨기

드러커가 하지 않은 말

"측정할 수 없으면 관리할 수 없다(You can't manage what you can't measure)." 경영 현장에서 가장 널리 인용되는 격언이다. 이 말은 흔히 위대한 경영사상가 피터 드러커(Peter Drucker)가 한 것으로 알려져 있다. 그런데 놀라운 사실이 있다. 드러커는 실제로 이런 말을 한 적이 없다. 그의 저서 어디에도 이 문장은 등장하지 않는다.

오히려 품질관리의 대가 에드워드 데밍(Edward Deming)은 1993년 그의 저서에서 이를 명확히 반박했다. "측정할 수 없으면 관리할 수 없다고 가정하는 것은 값비싼 신화다. 이는 잘못된 생각이다." 데밍은 측정 가능한 것만 관리하려는 태도가 조직에 얼마나 해로운지 경고했다.

현실은 어떤가? 조직은 여전히 측정 가능한 것만 중요하게 여긴다. 매출액, 생산성, 고객만족도, 직원 이직률 등 모든 것을 숫자로 환산한다. 문제는 정작 중요한 것들은 측정하기 어렵다는 점이다. 신뢰, 창의성, 협력, 조직문화, 심리적 안전감 같은 무형의 가치는 수치화하기 어렵지만 조직의 장기 성과를 결정한다.

더 큰 문제는 측정 지표가 목표가 되는 순간 발생한다. 경제학자 찰스 굿하트(Charles Goodhart)는 1975년 "측정 지표가 목표가 되면, 더는 좋은 지표가 아니다"라는 법칙을 제시했다. 사람들이 보상받기 위해 측정 지표 자체를 조작하기 시작하면서 지표는 본래의 의미를 잃는다는 것이다. 심리학자 도널드 캠벨(Donald Campbell)도 1976년 유사한 법칙을 발표했다. "정량적 사회지표가 의사결정에 많이 사용될수록, 부패 압력에 더 취약해지고, 모니터링하려는 사회 프로세스를 왜곡하고 손상할 가능성이 높아진다."

실제 사례들이 이를 증명한다. 응급실 대기 시간을 줄이라는 지시를 받은 병원은 구급차를 병원 밖에 대기시켜 환자가 응급실에 도착하는 시간을 인위적으로 늦췄다. 통계수치는 개선됐지만 환자 치료는 지연됐다. 콜센터 직원들은 통화 건수로 평가받자, 고객 문의를 제대로 해결하지 않고 빨리 끊기 시작했다. 페이스북(Facebook)은 일일 활성 사용자(DAU, Daily Active Users) 수치에 집착한 나머지 사용자 경험을 희생시키고 장기적 신뢰를 잃은 적이 있다. 측정 지표는 좋아졌지만 실제 가치는 무너진 것이다.

관점 전환

성과 측정 이상의 그 무엇

그렇다면 측정을 포기해야 할까? 그렇지 않다. 문제는 측정 자체가 아니라 '측정 만능주의'에 있다. 숫자로 드러나는 것만 중요하고, 숫자로 표현할 수 없는 것은 무시하는 태도가 조직을 병들게 한다.

진정한 성과는 측정의 산물이 아니라 창조의 결과다. 혁신적 제품은 개발 시간이나 투입 인력 같은 지표를 최적화해서 나오지 않는다. 구성원이 자유롭게 실험하고, 실패를 두려워하지 않으며, 서로 아이디어를 나누는 환경에서 탄생한다. 이런 환경은 측정하기 어렵지만 성과에는 결정적이다.

2024년 마이크로소프트 연구에 따르면, AI 도구가 직원의 창의성을 향상하지만 동시에 집단 창의성을 감소시킨다는 흥미로운 결과가 나왔다. 팀 내에서 생성형 AI와 협업하면서 유사한 아이디어가 반복적으로 등장하거나, 기존의 작업 특징이 AI에 의해 강화되는 경향이 관찰됐다. 개인의 생산성 지표는 좋아졌지만, 조직 전체의 혁신 역량은 오히려 저하될 수 있다는 것이다. 이는 측정 가능한 개인 성과와 측정하기 어려운 집단 창의성 사이의 주목할 만한 트레이드오프 관계를 보여준다.

아울러 무형자산(intangible assets)의 중요성이 갈수록 커지고 있다. 현대 기업가치의 상당 부분이 브랜드, 조직문화, 직원 역량 같은 무형자산에서 나온다. 하지만 회계 시스템은 여전히 유형자산 중심이어서 기업의 진짜 가치를 제대로 포착하지 못한다. 측정할 수 있는 것과 정말 중요한 것 사이의 간극이 점점 벌어지고 있다.

성과에 대한 관점을 바꿔야 한다. '얼마나 측정 가능한가'가 아니라 '얼마나 의미 있는가'를 물어야 한다. 측정은 수단이지 목적이 아니다. 중요한 것은 조직이 정말 가치 있는 일을 하고 있는지, 구성원이 성장하고 있는지, 고객에게 진정한 가치를 제공하는지에 있다. 이런 본질적인 질문 앞에서 숫자는 참고 자료일 뿐이다.

뒤집기 실천

측정의 함정에서 벗어나는 법

그렇다면 리더는 어떻게 해야 할까? 측정을 완전히 버릴 수도, 그렇다고 숫자에만 매몰될 수도 없다. 균형을 찾는 것이 핵심이다.

1. 측정 지표가 아닌 방향성을 제시한다

목표를 설정할 때 구체적인 숫자보다 나아가야 할 방향을 명확히 한다. '매출 20% 증가'보다 '고객에게 더 큰 가치를 제공해 자연스럽게 성장한다'는 식이다. 방향성이 명확하면 팀원들은 숫자 게임에 빠지지 않고 본질에 집중한다.

어느 IT 기업의 고객팀은 '매출 목표'를 축소하고, '고객 문제 해결 횟수'에 초점을 맞추며, 해결 사례 공유회를 지속했다. 놀랍게도 매출은 오히려 증가했다. 직원들이 단기 판매에 집착하지 않고 고객의 진짜 니즈를 해결하는 데 집중하면서 신뢰가 쌓였고, 이것이 장기적 매출 성장으로 이어진 것이다.

방향성 중심 목표의 핵심은 '우리는 왜 이 일을 하는지'를 끊임없이 상기시키는 것이다. 숫자는 진행 상황을 확인하는 도구일 뿐, 그 자체가 목적이어서는 안 된다.

2. 정량 지표와 정성 평가를 함께 본다

숫자만으로 판단하지 말고, 맥락과 스토리를 함께 본다. 단위 조직의 생산성 지표가 떨어졌다면, 숫자만 보고 질책하기 전에 이유를 파악한다. 어쩌면 팀이 장기 프로젝트에 투자하고 있거나, 신입자 교육에 시간을 쓰고 있을 수 있다. 이런 활동은 단기 지표에는 바로 나타나지 않아도, 장기 성과에는 필수적이다.

일부 조직은 '내러티브 평가(narrative assessment)'를 도입했다. 숫자 점수 대신 구체적 행동과 맥락을 서술하는 방식이다. "이 직원은 85점이다"가 아니라 "복잡한 문제 상황에서 팀원들의 의견을 경청하고 창의적 해결책을 도출하는 능력이 뛰어나다"라는 식이다. 숫자보다 풍부한 정보를 제공하며, 평가자와 피평가자 모두의 일상을 바꿀 수 있다.

3. 다중 지표를 사용하되 하나에 집착하지 않는다

여러 각도에서 성과를 본다. 매출뿐 아니라 고객 유지율, 직원 만족도,

혁신 프로젝트 수, 실패에서 배운 교훈 등을 함께 본다. 중요한 것은 이 지표들이 서로 견제하고 균형을 맞추도록 설계하는 것이다. 매출만 강조하면 고객 만족이 희생될 수 있다. 하지만 둘을 함께 보면 단기 매출을 위해 고객을 속이는 행동을 막을 수 있다.

어느 제조 기업은 '생산량'과 '품질 불량률'을 함께 추적한다. 생산량만 보면 직원들이 품질을 희생할 수 있지만, 두 지표를 동시에 보면 균형을 찾게 된다. 이는 부서 간 목표 공유로 확장할 수 있다. 안타깝게도 여러 부서 간의 갈등은 상반된 목표 지표에 기인한 경우가 적지 않다.

4. 측정 불가능한 것의 가치를 인정하고 보호한다

가장 중요한 것은 측정할 수 없는 가치를 명시적으로 인정하는 것이다. 리더가 '숫자로 보이지 않지만 중요한 것'을 언급하고 보호할 때, 조직은 측정 만능주의에서 벗어날 수 있다.

"이번 프로젝트는 매출에 직접 이바지하지 않았지만, 팀의 역량을 크게 향상했습니다. 이것이 장기적으로 더 큰 가치를 만들 것입니다." 이런 발언을 리더가 공개적으로 할 때, 직원들은 숫자로 드러나지 않는 일에도 자신 있게 몰두할 수 있다.

5. 측정 시스템 자체를 주기적으로 점검한다

측정 지표는 한번 만들면 관성처럼 유지된다. 정기적으로 "우리가 측정하는 것이 정말 중요한가? 이 지표가 왜곡된 행동을 유도하지는 않는가?"를 점검한다.

어느 외국계 금융기업은 1년마다 성과 평가 세션 중 '지표 회고' 시간을 갖는다. 각 지표가 실제로 어떤 행동을 유도했는지, 의도하지 않은 부작용은 없었는지, 더 나은 대안은 없는지를 팀 전체가 논의한다. 이 과정에서 실효성 없는 지표는 과감히 폐기하고, 새로운 지표를 실험적으로 도입한다.

중요한 것은 측정 시스템을 성역으로 만들지 않는 것이다. 이 지표는 오래전부터 써왔으니까가 아니라, 이 지표가 지금 우리에게 의미 있는지를 묻는다. 측정 도구가 조직을 섬기는 것이지, 조직이 측정 도구를 섬기는 것이 아니다.

한 줄 성찰

"진정한 성과는 숫자로 증명되는 것이 아니라 의미 있는 변화를 만들어가는 과정에서 자연스럽게 드러난다."

반전에 반전

그럼에도 정밀한 측정이 꼭 필요한 순간이 있다.

객관적 비교가 필수적인 경우다. 여러 공급업체 중 하나를 선택하거나, 투자 대안을 비교할 때는 정량적 지표가 필요하다. 감으로 결정할 수 없는 영역이 분명히 존재한다.

둘째, 법적·규제적 요구 사항이 있는 경우다. 재무 보고, 안전 기준 준수, 환경영향평가 등은 정확한 측정과 보고가 의무다. 이런 영역에서는 측정의 엄격함이 조직을 보호한다.

셋째, 조직이 위기 상황에 있을 때다. 빠른 의사결정이 필요한 상황에서는 즉시 확인할 수 있는 숫자가 도움이 된다. 매출이 급감하거나 비용이 폭증할 때, 정확한 지표 없이는 대응할 수 없다.

넷째, 초기 단계의 실험이나 A/B 테스트처럼 작은 변화의 효과를 빠르게 확인해야 할 때다. 이런 경우 측정은 학습 도구로서 가치가 있다.

핵심은 측정을 거부하는 것이 아니라 측정의 한계를 인정하는 것이다. 숫자는 전체 그림의 일부만 보여준다. 나머지는 관찰, 대화, 성찰을 통해 채워야 한다. 측정은 유용한 도구지만 만능 해법은 아니다.

목표:
'나'는 빠진 어둠 속 북극성

인트로

'이럴 거면 목표 수립은 왜 하는 걸까?'

연말연초는 대부분 회사에서 한 해의 목표를 수립하느라 바쁜 시기다. 그리고 지난해 수립한 목표의 달성도를 확인하는 시기이기도 하다. 한 해를 정리하고 새로운 해의 성장을 기대하며 목표를 수립하는 이 시기가 과연 즐거운지 스스로에게 물어본다면, 대부분 '그렇지 않다'는 대답이 나올 것이다.

이유는 여러 가지겠지만 주목할 부분은 내 의지가 반영되지 않은 일방적 목표 때문이다. '연간 200% 달성' 같은 모호하고 흐릿한 목표, 조직관리나 팀워크는 배제된 채 오로지 성과 측정만을 위한 목표 설정 등 어느 순간부터 목표 수립은 조직의 구성원이라면 대다수가 억지로 해야 하는 일이 되어버렸다.

조직은 반드시 목표가 있어야 한다. 성과를 판별하는 지표가 바로 목표이기 때문이다. 많은 조직에서 KPI 등의 성과 달성을 위한 지표 방식을 채택하는 이유다. 하지만 목적도, 동기부여도 없는 현재의 목표 수립 방식은 분명 문제가 있다. 이 문제는 어디서부터 발생하는 것일까?

통념 깨기

하향식 목표 수립의 관행

일반적으로 목표를 수립하는 과정을 살펴보자. 우선 전사 차원의 목표가 하위 조직 리더에게 하달된다. 리더는 그 목표를 확인하고 구성원에게 공유한다. 공유 후 그 목표에 맞는 각자의 목표를 가져오라 지시할 것이다. 일정 기간 수집을 거쳐 리더는 구성원의 목표를 조합해서 한 해의 목표 수립안을 제출하게 된다. 물론 상부로부터 몇 번의 수정 지시를 거치는 것은 일상이다.

문제는 바로 여기서 발생한다. 우선 전사 목표, 부문 목표, 리더 목표, 구성원 목표가 과연 같은 방향을 바라보고 있는지 점검하는 단계가 없다.

이 방식은 대표적인 하향식 목표 설정 방법으로, 큰 목표를 달성하기 위한 세부 방안에 가깝지 제대로 된 목표 설정 과정이라고 보기 어렵다.

또 다른 문제는 함께 성과를 일구는 구성원의 의견이 목표 설정 단계에서 반영되지 않는다는 점이다. 구성원 입장에서 보면 회사가 정한 대로만 일하면 되는데 각자의 목표를 왜 세워야 하는지 의의를 찾기 힘들다. 설령 구성원이 각자의 목표를 세운다 해도 그것이 조직과 전사적 차원에서 도움이 되는지 의문이 든다. 힘들게 목표 수립안을 제시했는데 회사 목표에 맞지 않는다며 수정하라는 지시라도 받으면 의욕까지 꺾인다. 성과 달성을 위한 목표 수립 과정에서부터 내년에 일할 동기가 떨어지고 마는 것이다.

관점 전환

목표는 함께 만드는 것

앞서 말했듯 목표는 조직에서 필수 존재다. 하지만 대표자 한 명이나 소수만을 위한 것이 아닌 구성원 모두가 함께 바라볼 수 있는 목표를 만들기 위해서는 지금까지의 목표 수립 방식을 바꿔야 한다.

우선 목표를 구성원이 함께 만들어간다는 인식을 심어야 한다. 회사 목표라고 해서 무조건 따라가야 한다는 강압적인 인식을 바꿀 필요가 있다. 왜 이런 목표가 나왔는지, 이 목표 달성 시 우리에게 어떤 좋은 결과가 기다리고 있는지, 이 목표를 위한 구성원의 역할이 무엇인지를 리더는 구성원에게 공유하기 전에 먼저 정리해 두어야 한다.

또 한 가지 중요한 것은 과거의 경험과 미래의 예측이다. 올해 목표 달성에 실패한 항목이 있다면 그 원인과 해결 방안을 미리 준비해야 한다. 대부분 올해 실패한 목표를 내년의 목표 중 하나로 승계하는 경우가 많은데, 해결 방안이 모호하면 내년에도 실패하게 마련이다. 일하는 방식에 변화를 주거나 인력을 재배치하는 등 환경 변화를 구성할 수 있어야 한다.

미래 예측 역시 목표 수립에서 중요한 요인이다. 다수의 목표 수립을 보면 월별, 분기별로 세부 방안을 정하는 경우가 많다. 그런데 내년에 만약 유례없는 장기 연휴가 있다고 가정해 보자. 그 연휴 기간에도 예상한 목표가 달성되리라고 기대하는 것은 비현실적이다. 미래에 발생할 이벤트나 이슈를 최소한이라도 예측하고 수립하는 목표라면 차질이 생겨서 달성에 실패했다는 변명은 줄어들 것이다.

뒤집기 실천

각자의 목표 설정에서 시작하기

거듭 강조하지만, 목표는 함께 만들어야 하고, 과거의 실수를 만회하며, 미래를 예측하는 자세로 수립해야 한다. 구성원의 이야기를 모두 종합하고 과거와 미래의 분석 능력과 통찰력을 모두 가진 리더는 없다. 그렇기에 반드시 구성원과 함께 수립해야 한다. 업무를 함께 하듯 목표도 함께 만드는 것이다.

1. 개인 목표부터 설정하기

목표 수립 시점에서 대다수의 리더는 전사의 목표를 알고 있다. 하지만 이를 구성원에게 바로 통보하는 것은 잠시 미뤄두자. 전사의 목표부터 먼저 공유하면 구성원은 여기에 끼워 맞추는 목표를 세우게 마련이다. 그들이 스스로 생각할 여유를 줘야 한다.

대신 목표 수립 기간임을 알리고 각자의 목표와 방향에 관해 이야기를 나누는 것이 좋다. 개인별 목표는 서면으로 내용을 확인하는 것보다 일대일 미팅을 통해 구체적 방안을 논의하는 것이 효과적이다. 리더와 합의되지 않은 자신만의 목표를 무작정 서면으로 제출하는 방식은 '이게 아니면 어떻게 해야 하지?' 하는 막막함만 만든다. 합의 없이 바로 서면으로 제출했다가 수정이라도 하게 되면 기존의 목표 수립 방식과 다를 바 없다. 또한 구성원 각자가 생각하는 목표가 다를 수 있으므로, 전원을 모아놓고 목표를 발표하게 하는 것보다는 일대일 대화가 솔직한 답변을 끌어내기에 유리하다.

이러한 미팅 내용을 토대로 정리된 각자의 목표를 받아보면, 구성원이 어떤 생각으로 무슨 목적을 갖고 목표를 수립했는지가 명확해진다. 이는 구성원별 직무 배치와 업무 배분을 정하는 데도 좋은 밑그림이 될 수 있다.

2. 개인 목표에 상위 목표 조합하기

첫 번째 단계에서 나온 구성원의 목표를 취합하면 공통 목표와 개별 목표로 나뉜다. 여기서 나온 공통 목표에 리더의 목표를 더하면 팀 목표의 골격이 완성된다. 마지막은 전사적 목표를 실현하기 위한 팀 목표와 정합성을 맞추는 일이다. 이 시점에서 공통의 목표와 개인의 목표, 그리고 리더의 목표와 전사의 목표를 모두 공개한다. 전사 목표와 잘 부합하는 부분, 수정이 필요한 부분을 함께 논의하며 보완하는 단계다.

다만 시간 부족을 이유로 취합한 초안을 서면으로만 공유하고 의견을 받는 것은 피해야 한다. 각자 자기 의견만 제시하는 이전 단계로 돌아가 버릴 가능성이 높기 때문이다. 목표 수립은 당연히 시간이 필요한 일이다. 한 해의 결과를 그리는 일에 구성원과 함께하는 시간을 충분히 확보하는 것이 중요하다(전사 목표 수립 일정보다 우리 부서의 일정을 일찍 시작하는 것을 추천한다).

3. 집중 기간과 이완 시점 설정하기

수립한 목표 달성이 실패하는 이유 중 하나는 중간 쉼표 없는 연속적인 목표를 설정한 경우다. 목표달성을 아무리 잘 설정했더라도 몇 개월 뒤 예상한 것과 다른 상황을 겪은 경험이 있을 것이다. 목표 달성을 위해 집중적으로 자원을 투입하는 기간을 우선 넣되 중간 점검을 위한 이완 시간도 반드시 목표를 수립할 때 고려해야 한다.

아울러 달성 정도를 측정하고 방향을 수정하는 중간 점검 기간을 갖는 것도 목표 달성 성공률을 올리는 중요한 노하우다. 집중해서 달려온 구성원들과 잠시 숨을 고르며 업무를 점검하고, 더 나은 방향을 고민하는 시간을 확보해야 조직이 건강하게 운영된다. 계속 달리기만 하는 자동차는 언젠가 연료가 떨어져 멈춘다는 점을 기억해야 한다.

한 줄 성찰

"구성원과 함께 목표를 설정하는 과정은 성과 달성(결과) 못지않게 중요하다."

반전에 반전

직원의 이야기를 먼저 듣고 목표와 연결되는 유기성을 만드는 것이 원칙이지만, 예외적 상황도 있다.

첫째, 회사가 사활을 건 목표가 존재하는 경우다. 이때는 회사의 목표를 먼저 공유하되, 구성원에게는 목표 자체가 아닌 구체적인 업무 수행 방안을 받는 것이 좋다. 회사가 존재해야 구성원이 존재한다는 점을 인식시킬 필요가 있다. 개인의 생각이 중요하지만 우선 회사 목표를 공통 목표로 삼되, 각자의 실행 방안에 초점을 맞추면서 구성원의 성과 달성을 도모하는 방식이 효과적이다.

둘째, 아직은 전략적 판단에 서툰 저연차 직원의 경우다. 주어진 일을 따라가는 것도 벅찬 신입 사원에게 처음부터 개인 목표를 강요하면 자칫 허황된 목표를 설정할 수 있다. 이들에게는 내년의 역할과 기대 사항을 먼저 알려주고, 이에 따른 수행 업무와 하고 싶은 업무를 이야기해 보도록 한다. 그 대화를 바탕으로 리더가 구성원에게 개인 목표를 만들 수 있는 방향을 제시하는 것이 바람직하다.

조직을 살아 있게 만드는 목표는 위로부터 시작되는 게 아니다. 대표, 임원, 리더, 직원의 유기적 단위 목표들이 모두 합쳐져 수립되는 것이다. 목표를 반드시 달성하려면 달성해야 하는 당사자에게 주도권을 먼저 주어야 한다. 내가 주도할 수 있다는 자신감을 가진 구성원은 목표를 달성하기 위해 알아서 나설 것이다.

평가:
성과의 진짜 목격자들

인트로

리더의 사각지대

리더의 시선이 닿는 곳은 한정적이다. 회의실에서 발표하는 30분, 보고서를 제출받는 순간, 월간 회의에서 나누는 간단한 대화가 전부다. 정작 누가 막힌 업무를 해결해 주는지, 누가 위기 상황에서 책임지는지, 누가 동료를 챙기며 팀의 결속력을 만들어가는지는 매일 함께 일하는 동료들만 안다.

많은 조직이 '보이지 않는 성과'를 포착하기 위해 동료평가 도입을 고려한다. 하지만 실제 도입으로 이어지는 경우는 드물다. '결국 인기투표 아니냐?'는 우려가 앞서기 때문이다. 인사팀이 동료평가를 제안하면 '술 잘 마시고 농담 잘하는 사람 뽑는 제도'라는 냉소적 반응이 돌아온다. 업무 능력보다 개인적 호감도가 평가를 좌우할 것이라는 불신이 뿌리 깊다.

그래서 동료평가는 시작도 하기 전에 '믿을 수 없는 제도'로 낙인찍히거나, 억지로 도입해도 아무도 진지하게 받아들이지 않는 형식적 절차로 남게 된다.

통념 깨기

매일 8시간 함께 일해 봐라, 인기투표인지 아닌지

'동료평가는 인기투표'라는 말 뒤에는 관계와 성과를 완전히 분리해서 보는 오래된 시각이 숨어 있다. 하지만 현대의 일은 더는 개인 작업의 단순한 합이 아니다.

10년간 IT 회사를 이끈 사람의 아래 경험담이 이를 잘 보여준다.

"처음엔 친한 사람끼리 봐주는 거 아닌지 걱정했어요. 그런데 막상 해보니 정말 일 잘하는 사람이 누구인지 명확하게 드러나더군요. 평소 조용한 이 대리가 최고 점수를 받았는데, 실제로 코드 리뷰를 가장 꼼꼼히 해주고, 문제가 터지면 밤을 새우더라도 도와주거든요."

결과적으로 동료들은 우리가 생각하는 것보다 훨씬 정확하게 구분한다. 점심시간에 하는 농담과 업무 역량을, 표면적 친밀감과 실질적 기여도를, 순간의 인상과 지속적 성과를 말이다. 그들이 내린 판단은 단편적 관찰이 아니라 오랜 협업 경험에서 나온 종합적 평가다. 이제 질문을 바꿔야 할 때다. "동료평가가 정확한가?"가 아니라 "왜 지금까지 동료의 관찰을 평가에 반영하지 않았는가?"를 물어야 한다.

관점 전환

평가에서 기록으로 시선 전환

기존 평가는 단순했다. 상사가 부하를, 고객이 서비스를, 심사위원이 참가자를 평가하는 단방향 구조였다. 여기서 '객관성'은 개인적 감정을 배제한 냉정한 판단을 의미했다.

협업이 성과를 만드는 현대 조직에서는 접근법을 바꿔야 한다. 동료평가를 '개인에 대한 심판'이 아니라 '현장에서 벌어진 일에 대한 기록'으로 보는 것이다. "누가 마음에 드나요?"가 아니라 "실제로 어떤 일들이 일어났나요?"를 묻는 과정으로 말이다.

'사람은 주관적'이라는 한계는 분명하다. 그런데 이는 동료평가만의 문제가 아니라 모든 평가가 가진 근본적 특성이다. 한 사람의 제한된 관점을 넘어 여러 명의 현장 경험을 모아야 더욱 입체적인 그림을 그릴 수 있다.

여기서 핵심은 편향을 없애려 하지 말고 서로 다른 편향으로 균형을 맞춰야 한다는 점이다. 여러 관찰자가 참여하고, 구체적 사실에 기반하며, 투명한 과정을 거치면 개인적 선호도가 전체를 좌우하기 어려워진다.

결국 동료평가의 진짜 힘은 정확한 점수를 매기는 데 있지 않다. 서로의 기여를 알아보고, 숨겨진 노력을 발견하며, 함께 일하는 의미를 다시 느끼게 만드는 과정 자체가 조직을 변화시킨다.

뒤집기 실천

인기투표를 넘어선 다섯 가지 실천법

동료평가가 '인기투표'라는 오해에서 벗어나려면 어떻게 해야 할까? 핵심은 추상적 인상이 아닌 구체적 사실에 기반한 평가 체계를 만드는 것이다.

1. 행동으로 말하게 하라

"리더십이 뛰어나다"거나 "협업을 잘한다"는 식의 추상적 표현으로는 아무도 납득하지 않는다. 각자가 생각하는 기준이 다르기 때문이다. 대신 "회의에서 발언하지 않는 동료에게 먼저 의견을 물어봤는가?" "팀 간 일정 충돌 시 해결 방안을 제시했는가?" 등 누구나 관찰할 수 있는 구체적 행동으로 기준을 세워야 한다.

이렇게 하면 평가자는 실제 상황을 바로 떠올릴 수 있고, 피평가자도 어떤 행동에 집중해야 하는지 명확해진다. 감정적 판단이 아닌 사실을 확인하는 과정이 되는 셈이다.

2. 여러 시선으로 교차 확인하라

한 사람만 보면 편향될 수 있지만, 여러 사람의 시선이 겹치면 진실에 가까워진다. 직속 상사, 동료들, 협업하는 다른 팀, 그리고 본인의 자기 성찰까지 종합해 판단하는 것이다.

중요한 건 획일적이지 않게 접근하는 것이다. 팀 내 협업이 핵심인 업무라면 동료평가의 비중을 높이고, 외부 고객과 접촉이 많다면 고객 평가에 더 무게를 둔다. 업의 성격에 따라 평가항목 구성을 조정해야 진짜 기여도가 드러난다.

3. 성장 도구로 접근하라

동료평가가 연봉이나 승진에 직결된다고 느끼는 순간, 평가는 정치 게임으로 변질된다. 대신 연 1회의 '심판'이 아닌 지속적인 '성장 지원' 도구로 활용해야 한다.

가장 효과적인 방법은 프로젝트 완료 직후나 문제 해결 순간에 '어떤 접근이 특히 도움이 됐고, 다음엔 무엇을 보완하면 좋을지' 즉시 나누는 것이다. 시간이 지나면 구체적 맥락은 사라지고 막연한 인상만 남기 때문이다. 이런 일상적 피드백을 분기별 성장 면담의 참고 자료로 활용하면 동료 평가는 서로를 견제하는 칼이 아닌, 성장을 끌어내는 마중물이 된다.

4. 개인이 아닌 팀의 패턴을 읽어라

동료평가 결과를 개인 순위표로만 활용하면 방어적 반응을 불러일으킨다. 따라서 팀 전체의 협업 특성을 먼저 파악하고 공유하는 것이 바람직하다.

"우리 팀은 문제 해결 역량이 강점으로 확인됐지만, 구성원 간 피드백 교환은 더 활발해질 필요가 있어 보입니다"처럼 구체적인 데이터로 접근한다. 이런 방식은 개인에 대한 공격으로 받아들여지지 않으면서도, 팀 전체가 함께 발전할 수 있는 방향을 모색하는 건설적 논의로 이어질 수 있다.

5. 리더부터 피드백을 구하라

리더가 팀원만 평가하고 자신은 빠진다면 일방적 통제로 느껴질 수밖에 없다. 진정한 동료평가 문화를 만들려면 리더부터 평가와 피드백의 영역에 들어와야 한다.

리더가 먼저 "제가 팀장으로서 더 개선해야 할 점은 무엇일까요?"라고 요청하고, 받은 피드백을 실제로 수용하며 개선하는 모습을 보여주는 것이다. 리더가 피드백에 열려 있고 실제로 변화할 때 팀원들도 서로에게 건설적인 피드백을 주고받아도 안전하다고 느낀다.

한 줄 성찰

"진정한 성과는 완벽한 객관성이 아닌 관계의 교차점에서 발견되며, 평가의 불완전함은 결함이 아니라 인간다움의 증거다."

반전에 반전

이 모든 원칙에도 불구하고 인간이 하는 모든 평가에는 완전한 객관성이란 존재하지 않는다. 아무리 정교한 시스템을 만들어도 감정과 관계, 미묘한 정치적 고려는 여전히 개입한다. 하지만 바로 그 불완전성 자체가 조직이 마주하는 진짜 현실이다.

만약 어떤 구성원이 지속적으로 낮은 동료평가를 받는다면, 그것이 개인 역량의 문제인지 팀 내 보이지 않는 편견 때문인지 살펴봐야 한다. 리더의 마지막 역할은 동료평가를 '절대적 진실'이 아닌 '중요한 참고 의견'으로 여기며, 팀원 개개인의 맥락을 깊이 있게 고려하는 것이다. 결국 동료평가의 진짜 가치는 완벽한 객관성이 아니라 조직 내 관계의 실상을 드러내고, 진정한 성과가 어떻게 만들어지는지 보여주는 데 있다. 결국 평가의 한계조차 조직이 성장할 수 있는 실마리가 되는 것이다.

공정:
100% 완벽해야 한다는 편견

인트로

유사 이래 가장 공정함을 원하는 세대

어느 인사팀장의 이야기다. "우리 조직은 작지만 비교적 시스템과 처우가 좋아 안정적이며 공정한 조직이라고 생각해요. 저 역시 공정한 리더라고 생각하고 있어요. 채용부터 오리엔테이션, 업무 교육과 팀 배치까지 직원을 위해 늘 최선을 다했죠. 그런데 새로 입사한 팀원이 1년 반 정도 지나 본격적인 업무를 맡기 시작하자 이렇게 말하더군요."

"팀장님 우리 조직은 공정하지 않은 것 같아요. 일은 신입 직원이 다 하는데 급여는 일도 안 하는 선임이 더 높은 게 공정한 건가요?"

순간 당황했다. 그럼 어떻게 했으면 좋겠냐고 물었더니 본인이 급여 설계를 할 수 있다면 일하는 만큼 측정해 급여를 주고 싶다는 것이다. 이미 평가 등급에 따른 인센티브가 그런 구조로 설계돼 지급되고 있다고 답했지만, 팀원의 의견은 달랐다. 입사 초기 3년 차가 일선에서 제일 일을 많이 하고 있으니, 그에 맞는 대우가 있어야 공정하다면서 이를 반영한 구조로 재설계하고 싶다는 것이다.

예전 팀원이던 시절에는 선배를 당연히 우대하는 분위기여서 승진이나 급여 인상, 인센티브는 위에서 가져가는 게 당연하다고 생각했고, 회사에서 그런 대우는 훗날 나도 받게 될 거라고 여기며 불평하지 않았다. 하지만 요즘 직원들은 공정이라는 기준으로 똑같이 대우받기를 기대한다. 현실적으로 가능한 것과 가능하지 않은 것을 이해시키며 함께 나아가는 것은 쉬운 일이 아니다.

통념 깨기

조직은 공정해야 한다는 착각

여기서 공정에 관해 설명하기 어려워진 것은 제도나 규정의 문제가 아니다. 세대별로 공정의 기준과 이해가 다르기 때문이다. 팀장의 공정은 연공서열과 경력에 따른 보상으로 선배를 우대하는 것이지만, 직원의 공정은 현재의 기여도와 업무량에 따른 즉각적 보상이다.

조직공정성(organizational justice) 이론에서 이 갈등을 명확히 설명한다. 조직공정성은 세 가지 유형으로 구분된다. 첫째, 분배적 공정성(distributive justice)은 급여, 승진, 업무 배분 등 결과의 공정함을 의미한다. 둘째, 절차적 공정성(procedural justice)은 의사결정 과정과 절차가 일관되고 공정한지를 다룬다. 셋째, 상호작용적 공정성(interactional justice)은 의사결정 과정에서 직원을 존중하고 충분히 설명하는지를 의미한다.

위의 사례에서 조직은 절차적 공정성을 갖추고 있으나 직원은 분배적 공정성에 이의를 제기하고 있다. 성과와 기여도에 대비해 경력과 연차가 충돌하는 것이다. 결정적으로 팀장은 장기적 보상을 생각하는 반면 직원은 즉각적 보상을 기대하는 모습에서 세대별로 공정에 대한 기대치가 달리 나타남을 알 수 있다.

그렇다면 일한 만큼 급여를 나누자는 투입과 산출의 계산법은 합리적인가? 조직에서는 업무 난이도, 책임, 리스크, 경험치 등 정량화하기 어려운 다양한 요소가 많다. 단순히 일을 더 하고 덜 한 데 따른 분배는 불가능하다. 공정에 대한 논의가 합의에 이르기 어려운 이유다.

더 근원적인 문제가 있다. 젊은 세대가 요구하는 공정은 정말 공정한가? 2024년 딜로이트 글로벌 조사에 따르면 Z세대와 밀레니얼 세대의 86%가 목적의식 있는 일을 중요하게 여긴다. 이들은 자신의 기여가 즉각 인정받고 보상받기를 원한다. 하지만 59%만이 자신이 공정하게 보상받고 있다고 느낀다. 이 간극은 무엇을 의미하는가?

조직에서 공정은 똑같이 분배하는 것이 아닌, 상황에 맞게 분배하는 것이다. 조직에서 공정이란 탁월한 능력과 실력이 정당한 과정과 결과를 통해 성과로 입증되는 것을 의미한다. 다시 말해, 조직에서는 일을 잘하는 직원에게 더 나은 대우와 혜택을 제공한다. 진정한 공정은 노력에 대한 대가가 주어질 때 비로소 가치를 발휘한다. 그러니 조직이 구성원 누구에게나 절대적으로 공정해야 한다는 생각은 금물이다.

관점 전환

공정의 조건을 만들어가는 과정

공정은 고정된 개념이 아니다. 시대와 세대에 따라 변화하는 사회적 합의의 산물이다. 시드니 핑켈스타인(Sydney Finkelstein) 미국 다트머스대 경영학 교수는 밀레니얼 세대를 연구하며 이렇게 말했다.

“이들을 붙잡는 방법은 근무 환경 개선, 식당의 고급화, 호칭 파괴 같은 외형적인 것이 아니다. 이들이 원하는 것은 직장에서 내가 성장하고 있는가, 성장할 수 있는가 하는 점이다. 동일한 업무를 반복하기보다 새롭고 도전적인 업무를 하고, 권한과 책임이 늘어나길 바라며 스스로 성장하고 있다는 느낌을 받고 싶어 한다.”

신세대 직원들의 공정에 대한 기준과 요구는 훨씬 복합적이고 다각적인 것들의 집합체다. 이들은 단순히 급여만 보지 않는다. 의사결정 과정에 참여할 수 있는지, 투명한 기준이 적용되는지, 리더가 존중하며 소통하는

지를 본다. 이제는 상호작용적 공정성과 절차적 공정성이 분배적 공정성만큼 중요해진 것이다.

그렇다면 위의 상황을 어떻게 풀어가야 할까? 갈등의 핵심은 공정의 정의가 아니라 공정을 만들어가는 과정에 있다. 팀장과 직원 모두 자신의 공정 기준만 옳다고 주장한다. 하지만 공정은 일방적으로 선언되는 것이 아니라 함께 만들어가는 것이다. 예를 들어 팀장은 다음과 같이 접근할 수 있다.

팀장: 우리 급여 체계는 단순히 '누가 일을 많이 하느냐'만으로 정해지진 않아요. 업무량 외에도 책임, 경험, 리스크 같은 요소가 반영되거든요. 예를 들어 선임은 직접적인 업무량은 적어 보여도, 팀 전체 성과에 대한 책임을 지고 리스크를 안고 있기에 연차에 따라 보상이 달라지는 구조로 돼 있죠. '현재 기여도가 더 인정받아야 한다'는 부분도 아주 중요하죠. 그래서 팀 차원에서 성과 인센티브 일부를 어떻게 배분할지 논의해 보면 어떨까요? 예를 들어 프로젝트 성과의 일정 부분은 팀원들이 합의해서 나눌 수 있도록 하는 거죠.

직원: 그렇다면 제 의견도 일부 반영될 수 있겠네요.

팀장: 맞아요. 제도 전체를 당장 바꾸긴 어렵지만, 팀 내에서 체감할 수 있는 공정성을 높이는 방법은 함께 만들어갈 수 있어요.

나는 공정한 리더인가? 우리 조직은 공정한가? 공정은 어떤 조직에

속했을 때 조직으로부터 받는 대우와 공정한 정도를 말한다. 요즘 젊은 세대는 자신의 능력과 성과에 대해 공정하게 평가받고 대우받기를 원한다. 회사의 부당한 요구에 참지 않으며 기성세대가 참고 넘겼던 것에 항의하기도 한다. 이들 세대의 마인드를 인정해야 조직을 공정하게 관리할 수 있다.

뒤집기 실천

모두가 참여하는 공정 기준 만들기

현재 우리 사회에서 공정은 세대와 조직 모두의 과제다. 다수의 리더가 가지고 있던 공정의 기준이 도전받고 있다. 신세대 직원은 사회의 인식 변화에 맞춰 자신들의 눈높이로 제도가 개선되기를 바란다.

따라서 조직은 공정함을 만들고 구성원과 함께 성장해 나갈 수 있을지 고민해야 한다. 리더도 공정하기 위해 노력해야 한다. 공정이란 공평함과 올바름이란 의미를 지닌다. 사회적 정의와 평등을 추구하는 가치이기도 하다. 이는 개인의 능력이나 배경과 관계없이 동등한 기회를 보장하는 것을 목표로 한다. 특히 사회적 관점에서는 모든 구성원이 평등하게 대우받을 수 있는 환경을 조성하는 것을 목표로 한다. 그렇기에 공정하지 않은 조직은 구성원이 의욕을 잃고 떠나는 불편한 곳이 될 수 있다.

다음은 공정을 갖추기 위한 현실적 실천 방안이다.

1. 분배적 공정성: 기여에 맞는 보상 체계 설계하기

분배적 공정성은 투입 대비 산출의 공정함을 다룬다. 하지만 단순히 업무량만으로 보상을 결정할 수 없다. 업무 난이도, 책임 수준, 리스크, 전문성이 모두 고려돼야 한다.

실천 방법은 다음과 같다.

첫째, 역할과 책임을 명확히 정의한다. 팀은 신입 직원과 기존 직원을 같은 프로젝트에 투입할 때 업무 분장, 보고 체계, 결과에 대한 책임 비중 등을 명확히 한다. 예를 들어 신입은 실행 업무를 담당하지만, 선임은 전략 수립과 최종 의사결정, 리스크 관리를 책임진다. 이를 문서화해 공유한다.

둘째, 성과 평가 기준을 투명하게 공개한다. 직원은 불공정성을 민감하게 자각하고 업무를 대하는 태도와 성과에 대한 명확한 기준과 평가를 바란다. 평가 항목, 가중치, 평가 방법을 사전에 공유하고, 평가 후에는 구체적인 피드백을 제공한다.

셋째, 차등 보상의 논리를 설명한다. 어느 IT 기업은 프로젝트 시작 시 팀 회의에서 보상 구조를 명확히 설명한다. "이번 프로젝트의 성과급은 총 1000만 원입니다. 이 중 60%는 개인 기여도에 따라, 40%는 팀 전체 성과에 따라 배분됩니다. 개인 기여도는 업무량, 난이도, 책임 수준을 종합적으로 평가합니다." 이처럼 분배 기준을 사전에 합의하면 사후 불만이 줄어든다.

다만 그에 맞는 실력과 역량은 필수다. 공정한 보상을 받고 싶다면 그에 상응하는 실력으로 성과를 입증해야 한다.

2. 절차적 공정성: 의사결정 과정의 투명성 확보하기

절차적 공정성은 결과만큼 과정이 중요하다는 것을 말한다. 일의 수행 절차가 합리적이고 민주적이었는지, 특정인에게만 적절한 절차가 적용되지는 않았는지 반드시 살펴야 한다.

실천 방법은 다음과 같다.

첫째, 의사결정 기준을 명확히 한다. 승진, 프로젝트 배정, 교육 기회 등 중요한 결정에 대해 기준을 문서화하고 공개한다. 예를 들어 '프로젝트 리더 선정 기준: 관련 경험 40%, 리더십 역량 30%, 최근 성과 30%'처럼 구체적으로 제시한다.

둘째, 직원이 의사결정 과정에 참여할 기회를 제공한다. 어느 제조 기업은 분기별 목표 설정 시 팀원들의 의견을 먼저 수렴한다. "이번 분기 우리 팀의 핵심 과제는 무엇이어야 할까요? 각자 중요하다고 생각하는 것 세 가지씩 제안해 주세요." 이렇게 수렴된 의견을 바탕으로 리더가 최종 결정하되, 왜 그런 결정을 내렸는지 설명한다.

셋째, 이의 제기 절차를 마련한다. 평가나 보상에 불만이 있을 때 공식적으로 의견을 피력할 수 있는 채널을 만든다. 실제 이의 제기 여부보다 '불공정한 결정이 나오더라도 바로잡을 수 있다'는 믿음을 주는 것이 중요하다.

직원에게 일을 수행하게 할 때 과정의 공정함은 결과의 승패를 가르는 데 매우 중요하다. 절차의 공정성이 확보되면 결과에 대한 수용도가 높아진다는 연구 결과가 이를 뒷받침한다.

3. 상호작용적 공정성: 존중과 설명의 문화 만들기

상호작용적 공정성은 의사결정 과정에서 직원을 어떻게 대하는지를 다룬다. 일을 시작하기에 앞서 충분히 설명하고 의사결정에 적절한 설명을 하고 참여시키는 상호작용이 있어야 비로소 공정하다고 할 수 있다.

실천 방법은 다음과 같다.

첫째, 의사결정을 할 때 충분히 설명한다. 특히 직원에게 불리한 결정일 때 더욱 중요하다. "이번에 승진 대상에 포함되지 못했습니다. 이유는 세 가지입니다. 첫째, 프로젝트 리더 경험이 아직 부족합니다. 둘째, 고객 만족도 점수가 목표에 미달했습니다. 셋째, 팀 협업 평가에서 개선이 필요하다는 피드백이 있었습니다. 다음 기회를 위해 이 세 가지를 집중적으로 개선해 봅시다."

둘째, 존중하는 태도로 소통한다. 어느 연구에 따르면 직원의 43%는 적절한 설명을 들으면 부정적 반응을 보이지 않는다고 한다. 설명의 내용만큼 태도가 중요하다는 뜻이다. 일방적인 통보가 아니라 대화하는 자세, 경청하는 모습, 감정을 인정하는 말이 필요하다.

셋째, 정기적인 피드백 시간을 제도화한다. 국내 어느 증권사는 매월 마지막 수요일을 '공정 대화의 날'로 정했다. 이날은 팀원 누구나 리더에게 업무 배정, 평가, 보상에 대해 질문하고 의견을 제시할 수 있다. 리더는 이에 성실히 답변하고, 즉답이 어려운 것은 다음 달까지 검토한 후 답변한다.

더는 일방적인 커뮤니케이션과 태도, 납득할 수 없는 설명을 들으며 일하는 시대는 지나갔다. 상호작용적 공정성이 높아지면 조직 신뢰도가 올라가고 이직률이 낮아진다.

4. 세대 간 공정 기준 조율하기

세대 간 공정에 대한 인식 차이를 좁히려면 서로의 관점을 이해하는 것이 출발점이다. 어느 제약 회사는 상하반기 한 번씩 세대 간 워크숍을 운영한다. 20대, 30대, 40대, 50대가 모여 각자 생각하는 공정의 기준을 나눈다.

20대: "지금 당장 내가 한 일에 대한 인정과 보상이 중요해요."

40대: "장기적으로 조직에 기여한 것도 봐야죠. 경험과 노하우는 눈에 안 보이지만 가치가 있어요."

이렇게 차이를 확인한 후, 양측이 수용할 수 있는 중간 지점을 찾는다. 예를 들어 '기본급은 연차와 경험을 고려하되, 성과급은 현재 기여도를 더 크게 반영한다'는 식이다. 완벽한 해결책은 아니지만, 서로가 납득할 수 있는 선을 찾는 것이다.

5. 공정의 한계를 인정하고 대화하기

마지막으로 중요한 것은 완벽한 공정은 불가능하다는 점을 인정하는 것이다. 어느 스타트업 대표는 타운홀 미팅에서 이렇게 말했다. "우리는 공정한 조직을 만들기 위해 노력하지만, 완벽하지 않습니다. 여러분이 불공정하다고 느끼는 순간이 있다면 언제든 말해 주세요. 함께 개선해 나갑시다."

이 솔직함이 역설적으로 신뢰를 만든다. 공정을 완성된 상태가 아니라 함께 만들어가는 과정으로 보는 것이다.

이제 다시 질문해 보자. 조직에 공정함은 왜 필요한가? 조직에서 공정은 똑같이 분배하는 것이 아닌 상황에 맞게 분배하는 것이다. 조직에서 공정의 최우선 가치는 '탁월한 역량이 과정과 결과를 통해 성과로 증명되는 것'이다. 따라서 일 잘하는 직원에게 파격적인 대우와 혜택을 제공하는 것은 당연하다. 진정한 공정은 노력과 성과에 대한 확실한 보상이 따를 때 완성된다.

한 줄 성찰

"공정은 원칙과 기준이 있고, 능력과 성과를 기준 삼아 차별적으로 적용할 때 의미가 있다."

반전에 반전

그럼에도 때로는 능력주의 공정보다 연공서열에 기반한 공평이 더 나은 선택이 되는 순간이 있다.

첫째, 실수의 대가가 치명적인 조직이다. 원자력발전소, 항공, 소방, 응급의료처럼 한 번의 실수가 생명을 앗아가는 현장에서는 검증된 경험이 우선이다. 다큐멘터리에 나온 소방서장의 말이다. "화재 현장에서 가장 위험한 것은 용감한 신입 대원입니다. 10년 경력의 소방관은 건물에서 나는 소리만 들어도 붕괴 시점을 압니다. 이런 감각은 수백 번의 현장 경험에서만 나옵니다."

둘째, 세대 간 지식 전수가 조직 생존의 핵심인 경우다. 전통 기술, 장인 기술, 암묵적 노하우가 중요한 조직에서는 선배를 우대하는 것이 합리적이다. 독일의 명품 시계 제조사는 여전히 마이스터 제도를 운용한다. 젊은 기술자가 아무리 뛰어나도 마이스터 밑에서 최단 7년을 배워야 한다. 이는 불공정이 아니라 300년 기술을 지키는 제일 나은 방법이다.

셋째, 조직 안정성과 팀워크가 성과보다 중요한 경우다. 일부 공공기관, 교육기관, 사회복지 조직처럼 단기 성과보다 장기적 신뢰와 안정이 핵심 가치인 곳에서는 과도한 성과주의가 오히려 조직을 해친다. 어느 공기업 인사팀장의 증언이다. "5년 전 성과급을 대폭 확대했더니 팀워크가 무너졌습니다. 정보를 공유하지 않고 동료의 실수를 기뻐하는 문화가 생겼죠. 다시 연공서열 비중을 높이자 협력 수준이 회복되었습니다."

그렇다면 공평과 공정, 무엇이 답인가? 정답은 없다. 중요한 것은 조직의 특성과 상황에 맞는 선택이다. 혁신과 속도가 생명인 스타트업에서는 능력주의적 공정이 적합하다. 하지만 안전과 숙련이 핵심인 조직에서는 연공서열에 기반한 공평이 더 합리적일 수 있다.

핵심은 이것이다. '우리 조직에서 가장 중요한 가치가 무엇인가'를 먼저 정의하고, 그에 맞는 공정의 기준을 선택하는 것이다. 능력주의가 무조건 옳은 것도, 연공서열이 무조건 구시대적인 것도 아니다. 맥락을 무시한 채 하나의 공정 스타일만을 고집하는 것이야말로 진짜 불공정이다.

그러니 젊은 세대에게 묻고 싶다. 10년 후 당신이 쌓은 경험과 노하우를 신입 사원과 똑같이 대우받는다면 그것이 공정한가? 기성세대에게도 묻고 싶다. 당신의 자리가 경험이 아니라 능력으로 증명된 것인가?

진짜 공정은 어느 한쪽의 기준을 강요하는 것이 아니라 조직과 상황에 맞는 균형점을 찾아가는 끝없는 대화다.

혁신:
거대한 변화라는 무게

인트로

'혁신, 정말 필요한가?'

오늘날 기업과 조직에 혁신은 선택이 아닌 필수다. 기술과 경영환경이 급변하는 시대, 혁신 없는 생존은 상상할 수 없다. 그러나 리더들이 마주하는 현실은 이상과는 달리 녹록지 않다. 어느 대기업 팀장의 얘기다.

"위에서는 혁신을 외치는데 정작 결과와 관련해 '실패를 용납하지 않는' 분위기가 만연합니다. 도전과 변화를 독려할 수만은 없는 모순된 상황이죠."

반면 구성원의 목소리는 이렇다.

"지시만 무성하다 결국 또 흐지부지되는 건 아닐까요? 매번 혁신이라며 시도는 하는데, 당장 현실적이지도 않고 주체도 불명확하고요."

혁신이 조직의 생존 키워드임에도 현장의 리더들은 현실과 이상의 괴리, 내부 저항, 리스크 감수, 그리고 실질적 실행의 어려움 사이에서 고민한다. '혁신'이라는 개념이 과연 현실적인가? 실제 현장에서는 어떻게 풀어내야 하는가? 이 질문에서 진정한 혁신이 시작된다.

통념 깨기

혁신은 거대한 변화만이 아니다

혁신을 논할 때 흔히 빠지는 세 가지 착각이 있다. 이러한 선입견이 혁신을 오해하고 방해하는 요인이 된다.

첫째, 혁신은 반드시 거대한 변화, 파괴적 시도여야 한다는 오해다.

실제로 혁신은 소소한 일상 개선부터 누적되는 과정이다. 거창한 아이디어보다 지속적이고 체계적인 작은 변화가 곧 혁신임을 인식해야 한다.

둘째, 혁신은 리더의 주도로만 시작된다는 편견이다. 물론 초기에는 리더의 방향 제시와 전략적 이니셔티브가 중요하다. 그러나 진정한 혁신은 결국 구성원의 자발적 참여에 근간을 두고 있다. 하향식(top-down)에서 시작해 상향식(bottom-up)으로 이어지는 연결고리가 필수적이다.

셋째, 혁신은 잘 짜인 계획 아래에서 반드시 성공으로 이어지게 설계해야 한다는 환상이다. 혁신은 본질적으로 불확실성과 높은 난도를 동반한다. 역설적이지만 그만큼 성공 확률도 높지 않다. 완벽한 설계 없이도 도전할 수 있어야 하며, 실패-학습-수정-재도전의 순환이 핵심이다. 시작부터 높은 기대와 완벽주의에 집착할수록 혁신은 궤도를 이탈할 위험이 커진다.

관점 전환

반복되는 작은 도전에서 시작한다

혁신은 일회성 캠페인이나 단발성 프로젝트가 아니다. 비약적인 한 번의 변화 또한 아니다. 진정한 혁신은 일상의 개선과 지속적 도전이 축적되는 과정임을 인식해야 한다. 즉 혁신에 대한 개념부터 재정립하자. 혁신은 작은 변화의 총합이다. 또한 조직 내 실패를 단순한 낙오가 아닌 빠른 학습과 성장의 자원으로 받아들이는 동시에 도전을 장려하는 조직문화를 구축해야 한다.

리더의 핵심 역할은 '목적과 비전의 공유'를 통해 혁신이 조직 구성원 모두의 공통된 미션이자 일상임을 각인하는 것이다. 거창한 혁신의 부담을 내려놓고, 작은 시도의 반복에서 혁신의 본질을 찾는 패러다임의 전환이 요구된다.

뒤집기 실천

현실적 혁신 실천법

1. 작은 시도의 일상화(Start Small, Iterate Often)

작지만 의미 있는 작은 개선 과제를 팀 단위로 꾸준히 시도해 보자. 초기에는 기존 업무와 연계된 구체적 변화부터 점진적으로 확대해 나가는 것이 좋다. 첫 단계부터 완전히 새로운 변화를 시도하는 건 거부감만 조성하기 쉬우므로 실제 업무 영역에서 응용해 보는 것을 추천한다. 이를 통해 실행-공유-피드백-작은 성공의 선순환 구조를 만들자.

2. 중간층(Neutral Majority)을 공략하라

변화를 대하는 구성원은 태도에 따라 세 부류로 나뉜다. 변화에 적극적인 소수 15%, 애매하게 눈치 보는 중립적 집단 60%, 극도로 무관심하거나 저항적인 25%다.

통상적으로 저항하는 25%를 신경 쓰다 시간과 에너지를 모두 낭비하는 경우가 많다. 이보다는 중립적이며 다수인 60%에 집중하는 것이 효율적이다. 이들로부터 작은 긍정적 변화를 유도함으로써 더 적은 에너지로 전체 조직 분위기를 일신할 수 있기 때문이다. 저항 그룹을 설득하는 데 지나치게 매몰되지 말고 다수 그룹에 변화를 조금씩 체험할 기회를 제공하라.

3. 집중형-분산형 혁신 구조의 유연한 적용

혁신 방법을 고민할 때 접하는 고민 중 하나는 '집중형 vs 분산형' 이슈다. 즉 혁신 전담 부서를 둘 것인지(집중형), 부서 내 담당을 지정할 것인지(분산형)에 대한 딜레마다. 결론은 조직의 규모나 상황에 따라 유연하게 적용해야 한다. 조직문화의 성숙도, 과업의 특성에 맞춘 설계가 필요한 것이다.

대규모 조직은 혁신 전담 부서를 두는 집중형으로 시작하고, 혁신을 전파, 확산해 나가는 단계에서 부서별 담당자를 추가하는 하이브리드형이 적합하다. 반대로 소규모 조직이나 단기 프로젝트는 부서별 담당자의 분산형 접근이 효과적이다. 초기 단계부터 빠른 의사결정과 실행력 확보, 공감대 형성을 통한 확산이 중요하기 때문이다.

4. 심리적 안전감을 구축하라

실패를 벌하거나 비난하지 않는 문화 정착이 필수다. 리더는 본인의 실패 경험을 공유하고 구성원의 시도를 장려하자. 직위 부서의 경계를 넘는 열린 소통과 아이디어 교류의 장이 혁신의 촉진제로 작용할 것이다.

한 줄 성찰

"혁신은 거대한 도약이 아닌, 일상 속 작은 도전의 지속적 축적에서 비롯한다."

반전에 반전

매일 혁신 활동을 지속할 수는 없다. 혁신에도 휴식과 조정이 필요하다.

첫째, 내실 다지기와 안정이 절대적으로 필요한 시점에는 새로운 시도나 변화보다 본질에 집중해야 한다.

둘째, 혁신을 위한 혁신은 경계해야 한다. 목적 없이 혁신 자체를 절대적으로 따르다 보면 오히려 번아웃이나 혼란만 남게 된다. 리더는 명확한 기준과 목표, 전략적 우선순위를 갖춰야 한다.

셋째, 조직의 혁신 피로감이 깊어질 때는 잠시 멈추고 돌아보는 시간이 필요하다. 리더는 불필요한 자원과 시간의 낭비를 막기 위해 변화와 안정 사이의 균형을 도모하자.

혁신의 리더란 혼돈과 불확실성 속에서 변화와 안정 사이의 균형을 잡을 줄 알아야 한다. 나아가 현실을 직시하며 작더라도 의미 있는 변화를 현장에서 직접 끌어내는 사람이어야 한다.

05 PART

자신편

주인의식:
우리는 모두 프로

인트로

'회사 일을 내 일처럼 생각하라'

월요일 조회 시간. 최 대표는 직원들 앞에서 힘주어 말한다. "여러분, 이 회사는 우리 모두의 회사입니다. 주인의식을 가지고 일해 주세요." 직원들은 고개를 끄덕이지만, 표정은 밝지 않다. 회의가 끝나고 복도에서 박 과장이 이 대리에게 속삭인다. "주인이라더니, 우리한테 결정권은 하나도 없잖아."

아직도 적지 않은 기업이 직원에게 주인의식을 요구한다. 회사의 성공을 위해 자기 일처럼 헌신하라고 말한다. 하지만 정작 중요한 의사결정에서 직원은 배제된다. 급여와 복지는 회사가 일방적으로 정하고, 업무 수행 방식마저 리더가 일방적으로 지시한다. 심지어 자신의 업무 목표조차 스스로 세우지 못한다.

이런 상황에서 주인의식을 강조할수록 오히려 직원의 의욕은 떨어진다. 심리적 소유감이 높은 직원일수록 자신의 사업을 시작하려는 의도가 강해진다는 연구 결과가 있다. 진짜 주인이 되려고 회사를 떠나는 것이다. 역설적으로 주인의식이 직원을 회사에 묶어두는 것이 아니라 오히려 독립을 꿈꾸게 만든다.

통념 깨기

착취의 다른 이름

주인의식이라는 말에는 교묘한 함정이 숨어 있다. 회사는 직원에게 주인처럼 일하라고 요구하지만, 정작 주인의 권리는 주지 않는다. 주인이라면 당연히 가져야 할 이익 배분, 의사결정권, 자율성은 온데간데없다. 대신 무한책임과 헌신만 요구한다.

실제로 주인의식을 내세우며 직원에게 초과근무, 주말 출근, 개인 시간 희생을 당연시한다. '회사를 위해서'라는 명분 아래 경계 없는 헌신을 기대한다. 하지만 경영 상황이 어려워지면 직원을 구조조정 1순위로 삼는다. 주인이 아니라 소모품으로 취급하는 것이다.

더 근본적인 문제는 주인의식이라는 개념 자체가 고용관계의 본질을 흐린다는 점이다. 직원과 회사는 계약관계다. 직원은 자신의 노동력과 전문성을 제공하고, 회사는 그에 합당한 보상을 지급한다. 이것이 건강한 관계다. 그런데 주인의식을 강조하면서 이 명확한 교환 관계를 모호하게 만든다. 마치 가족처럼 희생을 강요하면서 정작 가족이 누려야 할 안정과 배려는 제공하지 않는다.

관점 전환

주인이 아닌 프로와 만나라

진정으로 직원의 헌신과 성과를 끌어내고 싶다면, 주인의식이 아니라 프로 정신을 이야기해야 한다. 프로페셔널은 자신의 전문성에 자부심을 갖고, 맡은 일에 최선을 다하며, 약속을 지키는 사람이다. 그리고 그 대가로 정당한 보상과 존중을 요구한다.

프로 정신의 핵심은 명확한 경계와 상호 존중이다. 직원은 회사의 소유물이 아니라 동등한 파트너다. 계약에 명시된 책임을 다하고, 그에 합당한 권리를 누린다. 회사가 직원을 프로페셔널로 대우하면, 직원 역시 프로페셔널로 화답한다. 직원을 전문가로 대우하는 조직일수록 직원의 책임감, 신뢰성, 자율적 성과 창출이 높아진다. 반면 가족 같은 분위기를 강조하거나 주인의식을 요구하는 조직에서는 오히려 경계가 무너지고 번아웃

현상이 증가한다.

프로 정신은 주인의식과 근본적으로 다르다. 주인의식은 회사에 대한 무한 헌신을 요구하지만, 프로 정신은 계약에 기반한 책임을 강조한다. 주인의식은 감정에 호소하지만, 프로 정신은 합리성에 기반한다. 주인의식은 경계를 흐리지만, 프로 정신은 경계를 명확히 한다.

더 중요한 것은 프로 정신이 지속 가능하다는 점이다. 주인의식에 기반한 헌신은 열정페이나 희생을 전제로 하기에 오래가지 못한다. 하지만 프로 정신에 기반한 관계는 공정한 교환을 전제로 하기에 장기적으로 유지된다. 직원은 자신의 가치를 존중받는다고 느끼고, 회사는 예측 가능한 성과를 얻는다.

직원을 파트너로 대우하는 조직에서는 이직률이 낮아지고 성과가 높아지는 현상이 관찰된다. 이는 명확한 계약관계가 오히려 더 강한 유대감을 만들어내는 기현상을 보여준다. 경계가 분명할수록 신뢰가 쌓이고, 신뢰가 쌓일수록 성과가 나온다.

뒤집기 실천

프로 정신을 구축하는 다섯 가지 원칙

그렇다면 조직은 어떻게 주인의식 대신 프로 정신을 확립할 수 있을까? 다섯 가지 구체적 실천 방안을 제시한다.

1. 계약관계를 명확히 하고 투명하게 소통한다

프로 정신의 출발점은 명확한 계약이다. 직무기술서에 역할과 책임을 구체적으로 명시하고, 성과 기준과 보상 체계를 투명하게 공개한다. "회사를 위해 희생하라"는 추상적 요구 대신 "이 업무를 이 수준으로 완수하면 이만큼의 보상을 받는다"라는 명확한 약속을 하는 것이다.

예를 들어 선도적인 글로벌 컨설팅 회사들은 모든 직원과 연초에 명확한 성과 계약을 체결한다. 구체적인 목표, 측정 지표, 보상 수준을 문서화하고, 분기마다 진행 상황을 검토한다. 이러한 투명성 덕분에 직원들은 자신이 무엇을 해야 하는지, 그에 대한 보상이 무엇인지 명확히 알고 일하게 된다.

2. 권한과 책임을 함께 부여한다

주인의식의 문제는 책임만 주고 권한은 주지 않는다는 점이다. 프로 정신은 반대다. 책임을 요구하면 그에 상응하는 권한도 함께 준다. 결정권 없는 책임은 스트레스만 가중할 뿐이다.

예를 들어 프로젝트 리더에게 성과 책임을 묻는다면, 예산 집행권, 팀 구성권, 일정 조정권도 함께 위임해야 한다. 사소한 지출도 상사 결재를 받아야 한다면, 그것은 프로가 아니라 심부름꾼 취급이다. 권한과 책임이 균형을 이루어야 직원은 진정한 프로페셔널로 성장할 수 있다.

3. 경계를 존중하고 워라밸을 보장한다

진정한 프로는 자신의 시간과 에너지를 관리할 줄 안다. 회사는 계약된 근무시간 동안 직원의 전문성을 활용하고, 그 외 시간은 직원의 개인 영역으로 존중해야 한다. 야근과 주말 근무를 당연시하거나, 퇴근 후 연락을 일상화하는 것은 프로 정신과 거리가 멀다.

일부 IT 기업은 오후 6시 이후 업무 메시지 전송을 제한하는 정책을 시행한다. 긴급 상황을 제외하고는 직원의 개인 시간을 침해하지 않는다. 그 결과 직원들의 만족도가 높아지고, 근무시간 내 집중도와 생산성이 오히려 향상되는 효과를 거둔다.

4. 성과에 대한 공정한 보상을 실현한다

프로는 자신의 가치를 안다. 그리고 그에 합당한 대우를 기대한다. 회사가 직원의 전문성과 성과를 존중한다면, 그것을 금전적·비금전적 보상으로 표현해야 한다. 칭찬과 격려만으로는 부족하다.

성과급, 승진, 교육 기회, 의미 있는 프로젝트 배정 등 다양한 방식으로 보상할 수 있다. 중요한 것은 성과와 보상의 연결고리가 명확해야 한다는 점이다. '회사가 어려워서'라는 변명으로 보상을 미루면, 직원 역시 '의욕이 부족해서'라며 성과를 미루게 된다.

5. 개인의 성장을 지원하고 이직도 축복한다

주인의식은 직원을 회사에 붙들어두려 한다. 하지만 프로 정신은 반대다. 진정한 프로는 자신의 경력을 스스로 개척한다. 회사는 그 과정에서 좋은 파트너가 돼주면 된다.

직원이 더 나은 기회를 찾아 이직하는 것을 배신으로 보지 말고, 프로페셔널의 당연한 선택으로 존중해야 한다. 오히려 재직하는 동안 충분한 학습 기회를 제공하고, 떠날 때는 좋은 관계로 헤어진다. 그러면 그 직원은 훌륭한 퇴직자가 돼 회사에 장기적으로 긍정적 영향을 미친다.

한 줄 성찰

"주인의식을 강요하지 말고 프로 정신을 북돋워라. 그것이 직원과 회사 모두를 성장시키는 지속 가능한 관계다."

반전에 반전

그럼에도 프로 정신만으로 충분하지 않은 순간이 있다. 스타트업 초기처럼 자원이 부족하고 모든 구성원이 다재다능해야 하는 시기, 또는 위기 상황에서 조직이 생존을 위해 싸워야 할 때가 그렇다. 이럴 때는 계약을 넘어선 헌신이 필요할 수 있다. 하지만 그것은 주인의식이 아니라 선택적 헌신이어야 한다. 구성원이 회사의 비전에 진정으로 공감하고, 자발적으로 추가 노력을 기울이기로 하는 것이다. 강요가 아니라 선택이어야 한다.

그리고 이러한 헌신에는 반드시 보상이 따라야 한다. 스톡옵션, 성과급, 또는 향후 더 나은 보상에 대한 명확한 약속이 필요하다. 헌신을 당연시하는 순간, 그것은 다시 착취가 된다.

평상시에는 명확한 계약관계와 프로 정신을 유지하되, 특별한 순간에는 자발적 헌신을 격려한다. 그리고 그 헌신을 절대 당연하게 여기지 않는다. 이것이 지속 가능한 조직문화의 바탕이다.

의사결정:
정답을 찾는 게임

인트로

"이렇게 결정하면 문제없겠죠?"

금요일 오후 3시, 마케팅팀 회의실. 긴급한 신제품 출시 전략을 논의하던 오 팀장은 두 시간 넘게 이어진 회의 끝에 결론을 내렸다. "그럼 A 안으로 진행합시다." 팀원들은 고개를 끄덕였고 회의는 마무리됐다.

그런데 회의가 끝나자마자 불안감이 밀려왔다. 'B 안이 더 나았던 건 아닐까? C 안의 소셜미디어 전략을 조합해야 했나? 경쟁사가 먼저 비슷한 전략을 쓰면 어떡하지? 퇴근길 내내, 주말 내내 결정을 되짚어봤다. 토요일 저녁에는 팀원에게 카톡까지 보냈다. "혹시 B 안에 대해서 다시 한번 검토해 볼 수 있을까요?"

월요일 아침, 출근하자마자 팀원들을 다시 불렀다. "지난주 결정을 재검토해 봅시다. 시장 상황을 보니 B 안의 타이밍 전략이 더 유효할 수도 있을 것 같아서요." 팀원들의 표정이 굳어졌다. 김 과장은 주말에도 A 안 실행 계획을 구상했고, 이 대리는 협력업체에 연락까지 해놓았다. 이런 일이 한두 번이 아니었기에 팀원들은 이제 오 팀장의 최종 결정을 '임시 결정' 쯤으로 받아들이게 됐다.

많은 리더가 의사결정 앞에서 오 팀장과 같은 두려움을 느낀다. '잘못 결정하면 어쩌지?' '더 좋은 방법이 있는 건 아닐까?' '내가 놓친 변수는 없을까?' 이런 고민이 깊어질수록 결정은 미뤄지고, 조직은 정체되며, 구성원의 신뢰는 무너진다. 정작 문제는 결정의 옳고 그름이 아니라 의사결정을 '정답 찾기'로 착각하는 데 있다.

통념 깨기

완벽한 결정이라는 환상

조직에서 의사결정은 수학 문제가 아니다. 그런데도 많은 리더가 '정답'을 찾으려 한다. 모든 정보를 수집하고, 모든 변수를 고려하고, 모든 이해관계자를 만족시키는 완벽한 선택을 하려고 애쓴다. 이런 유형의 리더가 의사결정을 미루는 가장 큰 이유는 '더 많은 정보'가 필요하다는 믿음 때문이다. 무언가 단번에 '킥'이 될 수 있는 자료가 있지 않을까 싶은 마음이다. 하지만 아이러니하게도 정보가 많을수록 결정은 더 어려워진다.

일반적으로 우리는 자신을 합리적이라고 믿지만, 실제로는 수많은 인지 편향에 영향을 받는다. 확증편향은 자신의 믿음을 뒷받침하는 정보만 선택하게 하고, 앵커링 효과는 처음 접한 숫자에 판단을 고정하며, 현상 유지 편향은 변화를 두려워하게 만든다. 더 많은 정보가 더 나은 결정을 보장하지 않는다는 말이다. 확실한 근거를 찾다가 시간을 허비하면 정작 사유와 사고의 시간을 충분히 가질 수 없게 된다.

더 큰 문제는 완벽한 결정을 하려다 시기를 놓치는 것이다. 시장은 기다려주지 않고, 기회는 순식간에 사라진다. 의사결정의 핵심은 정답을 찾는 것이 아니라 불확실성 속에서 방향을 정하고 그 결과를 책임지는 용기라고 할 수 있다.

관점 전환

의사결정은 과정이지 이벤트가 아니다

의사결정을 '한 번의 선택'으로 보는 순간, 부담은 커지고 유연성은 사라진다. 마치 인생의 갈림길에서 한 방향을 선택하면 돌아올 수 없다고 믿는 것과 같다. 하지만 실제 조직에서 의사결정은 연속된 과정이다. 초기 방향을 정하고, 실행하면서 피드백을 받고, 필요하면 조정한다. 이것이 현실적인 의사결정의 양상이다.

최근 성공하는 조직들은 '빠른 결정-실행-학습-조정'의 사이클을 반복한다. 처음부터 완벽한 결정을 내리려 하지 않고, 작은 결정을 빠르게 내려 실험하고 배운다. 실패해도 빠르게 방향을 틀 수 있는 민첩성이 완벽한 계획보다 중요하다. 실제로 혁신에 성공한 기업들의 공통점은 '빨리 실패하고 빨리 배운다'는 문화를 가지고 있다는 점이다.

따라서 의사결정에서 중요한 것은 '무엇을 결정할 것인가'만큼 '언제, 어떻게, 누가 결정할 것인가'다. 모든 결정을 리더 혼자 떠안을 필요도 없고, 모든 결정에 같은 무게를 둘 필요도 없다. 결정의 유형을 구분하고, 적절한 사람에게 적절한 권한을 주고, 빠르게 실행하며 배우는 구조를 만드는 것이 리더의 진짜 역할이다. 유명 재즈 연주자인 마일스 데이비스(Miles D. Davis)는 이렇게 말했다.

"연주에 틀린 음은 없다. 그것은 그다음 음에 따라 달라질 수 있다."

뒤집기 실천

의사결정 근육 키우는 법

1. 결정의 '가역성'부터 판단한다

모든 결정을 동일하게 다루는 것은 에너지 낭비다. 먼저 이 결정이 되돌릴 수 있는지 판단한다. 신제품 개발이나 조직 구조 변경처럼 되돌리기 어려운 결정은 충분한 시간을 들여 신중하게 검토한다. 이해관계자의 의견을 폭넓게 듣고, 장기적 영향을 시뮬레이션하며, 최악의 시나리오까지 대비한다.

반면 마케팅 문구 수정이나 회의 시간 변경처럼 되돌릴 수 있는 결정은 즉시 내린다. 일주일 해보고 효과가 없으면 다시 바꾸면 된다. 가역적 결정에서는 속도가 정확성보다 중요하다.

"이 결정이 6개월 후에도 영향을 미치는가?" "되돌리는 데 얼마나 큰 비용이 드는가?" "잘못됐을 때 누구에게 어떤 피해가 가는가?" 이 세 질문에 답하면 결정의 무게를 가늠할 수 있다. 가벼운 결정은 70% 확신이면 충분하다. '완벽'을 추구하기보다는 빠르게 시도하고 조정하는 것이 낫다.

2. '결정 권한 지도'를 만든다

리더가 모든 결정을 내릴 필요는 없다. 오히려 그렇게 하면 조직은 느려지고 구성원은 수동적으로 변한다. 결정 권한을 명확히 나누는 것이 필요하다. 어떤 결정은 리더가 단독으로 내리고, 어떤 결정은 팀원에게 위임하며, 어떤 결정은 함께 논의한다.

구체적으로 RACI 매트릭스를 활용할 수 있다. Responsible(실행 책임자), Accountable(의사결정권자), Consulted(사전 자문 대상), Informed(사후 통보 대상)를 명확히 구분하는 것이다. 위임 전결도 유사하게 할 수 있다. 예를 들어 '월 100만 원 이하 예산은 팀원이 단독 결정, 100만~500만 원은 팀장과 협의 후 결정, 500만 원 이상은 부서장 승인'처럼 금액별, 사안별로 권한을 명시한다.

이런 기준을 팀과 공유하면 불필요한 보고와 확인이 줄어든다. 팀원들 역시 자신의 결정 범위를 알기에 주도적으로 움직인다. 리더는 진짜 중요한 전략적 결정에 집중할 수 있다.

3. '70% 룰'로 결정의 속도를 높인다

완벽한 정보를 기다리면 기회를 놓친다. 아마존은 '70% 룰'을 적용한다. 70%의 정보와 확신이 있으면 결정을 내린다는 원칙이다. 나머지 30%는 실행하면서 채운다. 이 방식의 핵심은 실행 후 피드백 루프를 빠르게 돌리는 것이다.

결정을 내린 후에는 명확한 성공 지표를 설정한다. '2주 후 고객 전환율 5% 상승' '1개월 내 고객 불만 20% 감소' 같은 구체적이고 측정 가능한 목표를 정하고, 주기적으로 점검한다. 목표에 미달하면 과감히 방향을 바꾼다. 이런 접근은 실패의 비용을 최소화하고 학습 효과를 최대화한다.

4. 결정 후 '흔들리지 않는 루틴'을 만든다

결정을 내린 후에도 계속 재검토하면 팀은 혼란에 빠진다. 리더의 우유부단함은 팀 전체의 실행력을 갉아먹는다. 결정의 일관성을 유지하는 루틴이 필요하다.

결정을 내린 직후, 세 가지를 문서화한다. 첫째, 왜 이 결정을 내렸는지, 그 배경과 이유다. '경쟁사 대비 출시 속도를 2개월 앞당기기 위해' 같은 명확한 목적을 적는다. 둘째, 어떤 정보를 바탕으로 했는지, 다시 말해 근거다. '시장조사 결과, 타깃 고객의 68%가 가격보다 출시 시기를 중요시'와 같은 구체적 데이터를 기록한다. 셋째, 언제 어떤 기준으로 재검토할지 시점과 조건을 기록한다. '출시 후 2주간 일 판매량이 목표의 50% 미달 시 가격 전략 재검토'와 같이 명확한 트리거를 설정한다.

재검토는 무작위가 아니라 미리 정한 시점과 기준에 따라 체계적으로 한다. '그냥 불안해서'가 아니라 '데이터가 우리의 가정을 반박하기 때문에'라는 명확한 이유로 재검토해야 한다.

한 줄 성찰

"의사결정의 탁월함은 완벽한 선택이 아니라, 불확실한 상황에서 방향을 정하고, 그 과정을 통해 배우는 담대함에서 나온다."

반전에 반전

그럼에도 결정을 서두르지 말아야 할 순간이 분명 존재한다.

첫째, 조직의 핵심 가치와 정체성이 걸린 문제다. 회사의 미션이나 비전, 핵심 문화를 바꾸는 결정은 신중해야 한다. 이는 조직의 DNA를 바꾸는 일이기 때문이다. 구글이 "Don't be evil"을 전면에서 내리기까지, 파타고니아가 환경보호를 최우선 가치로 천명하기까지 수년에 걸친 고민이 있었다.

둘째, 법적·윤리적 리스크가 큰 결정이다. 컴플라이언스 위반이나 윤리적 논란이 예상되면, 속도보다 정확성이 우선이다. 한 번의 잘못된 결정이 수십 년 쌓아온 신뢰를 무너뜨릴 수 있다.

셋째, 이해관계자 간 이해가 첨예하게 대립하는 상황이다. 성급한 결정은 조직 내 갈등을 빚고 실행 과정에서 저항을 불러온다. 합병, 구조조정, 보상 체계 변경 같은 민감한 사안은 충분한 소통과 합의 과정이 필요하다.

이처럼 어떤 경우에는 70% 룰이 아니라 90% 이상의 확신을 얻을 때까지 기다려야 한다. 다양한 관점을 듣고, 충분히 논의하며, 합의를 끌어내는 과정이 필요하다. 리더십의 지혜는 언제 빠르게 결정하고 언제 신중하게 접근할지를 분별하는 데 있다.

감정 표현:
가면 뒤 진실

인트로

"괜찮습니다…" '정말 그럴까?'

회의 중 잠시 인상을 썼을 때 팀원들이 눈치를 보거나, 업무 메신저 답장이 늦었을 때 분위기가 썰렁해지는 상황. 이런 일들은 리더라면 흔하게 경험한다. 오늘날의 리더들은 업무 성과뿐만 아니라 표정과 말투 하나까지 세심하게 신경 써야 하는, 쉽지 않은 상황에 놓여 있다.

이러한 감정 관리의 부담은 솔직한 소통을 중시하는 2030세대 직원과 함께 일할 때 더욱 가중된다. 팀원들은 리더의 진솔한 모습을 원하면서도, 막상 리더가 힘든 속마음을 드러내면 당황한다. 솔직하게 표현하면 권위가 없다고 지적하고, 감정을 절제하면 소통이 부족하다고 비판한다.

이런 모순적이고 상반된 요구 속에서 놓치기 쉬운 중요한 사실이 있다. 리더도 결국 사람이라는 점이다. 나쁜 소식을 전할 때 마음이 무겁고, 업무 압박에 지치며, 억울한 일을 당하면 속상하다. 하지만 '내가 흔들리면 팀이 불안해한다'는 부담스러운 생각에 사로잡혀 항상 밝고 긍정적인 모습을 유지하려고 애쓴다.

'리더는 흔들리면 안 된다'는 무언의 강한 압박과 '팀원들이 걱정할까 봐'라는 배려심이 만나면서, 많은 리더가 자신의 진짜 감정을 숨기고 억누르게 된다.

통념 깨기

'긍정만이 답이다'라는 위험한 착각

감정을 숨기는 가장 대표적이고 흔한 방법이 바로 긍정의 가면을 쓰는 것이다. 물론 긍정 자체가 나쁜 것은 아니다. 리더의 밝고 에너지 넘치는 태도는 분명히 팀의 사기를 높이고 전체 생산성을 끌어올리는 효과가 있다. 하지만 현실을 외면한 채 '무조건 잘될 거야'하는 식의 과도하고 맹목적인 긍정은 오히려 독이 된다.

이를 심리학에서는 독성 긍정성(toxic positivity)이라고 한다. 힘들고 부정적인 감정을 억누르고, 어려운 현실을 못 본 척하게 만드는 위험한 태도를 의미한다. 코로나19 팬데믹이나 경기침체 같은 전사적 위기 상황에서 리더가 "이런 때일수록 더욱 긍정적이어야 해!"라고만 외치면, 팀원들은 자신의 불안이나 현실적 고민을 털어놓기 어려워진다.

김 팀장의 상황이 전형적인 경우다. 주말 내내 고객 컴플레인 문제 때문에 잠을 못 잤지만, 월요일 아침 팀 미팅에서는 환하게 웃으며 "이번 주도 목표 달성해 봅시다!"라고 힘차게 말했다. 박 대리가 "정말 괜찮으세요?"라고 조심스럽게 묻는 순간, 자신의 억지스러운 미소가 오히려 팀을 어색하고 불편하게 하고 있음을 깨달았다.

이런 리더의 감정 표현은 조직을 문제를 숨기고 덮어두는 곳으로 변하게 만든다. 리더가 계속해서 "괜찮다"라고 주장하니까, 팀원들도 실제로 문제가 터져도 "괜찮습니다"라고 형식적으로 답하게 된다. 진짜 중요한 문제는 수면 아래로 묻히고, 실질적 해결책은 나오지 않는다. 결국 억지로 밝은 척하는 행동은 팀을 조용하고 소극적으로 만들 뿐이다.

관점 전환

무한 긍정에서 현실적 낙관으로

이럴 때 필요한 것은 '무조건 잘될 거야' 하는 근거 없는 낙관이 아니라 '어렵긴 하지만, 분명히 방법은 있다'는 태도, 즉 현실적 낙관(realistic optimism)이다. 이는 문제를 정확하게 파악하면서도 해결책을 찾아가는 균형 잡힌 자세를 의미한다.

실제로 『하버드 비즈니스 리뷰』에서 아서 브룩스(Arthur C. Brooks, 2022)는 과도한 긍정이 오히려 팀의 몰입과 진솔한 소통을 방해한다고 지적했다. 억지스러운 긍정보다 솔직하고 진정성 있는 소통이 팀의 결속력과 문제 해결 의지를 강화하는 데 훨씬 더 효과적이라는 것이다.

그렇다면 현실적 낙관은 구체적으로 어떤 변화를 만들어낼까?

- 개인 차원에서는 감정을 억누르느라 빠져나가던 에너지를 실제 문제 해결과 개선에 집중할 수 있으며, 번아웃을 예방할 수 있다.
- 조직 차원에서는 더 의미 있는 변화가 일어난다. "이번 분기 목표 달성이 현실적으로 어려울 것 같습니다"라고 솔직하게 말할 수 있는 분위기가 만들어지면, 팀원들도 "저희도 같은 고민을 하고 있었어요. 이런 방법은 어떨까요?"라고 자유롭게 의견을 낼 수 있다.

결국 현실적 낙관의 본질은 문제를 회피하지 않으면서 희망을 놓지 않는 섬세한 균형에 있다.

뒤집기 실천

앞뒤가 일치하는 감정 표현법

무한 긍정의 위험한 함정에서 벗어나 현실적 낙관의 힘을 제대로 발휘하는 것은 생각보다 어렵거나 복잡하지 않다. 자신의 감정을 솔직하게 인정하고, 문제를 팀과 투명하게 공유하며, 구체적이고 실질적인 근거를 바탕으로 희망을 제시하는 것만으로도 리더십은 눈에 띄게 달라진다.

이는 부정적인 감정을 억지로 긍정적 감정으로 바꾸려고 애쓰지 않고 '어렵지만 의미 있는 일'이라고 느끼는 복합적이고 다층적인 감정 그대로를 인정하는 성숙한 태도에서부터 시작된다.

1. 감정 인식 및 수용: '솔직함'으로 시작하라

가장 먼저 자신의 감정을 정확히 파악하고 효과적으로 관리한다. 리더는 자신의 불안, 좌절, 피로를 '리더답지 못한 감정'이라고 성급하게 치부하지 말고, 있는 그대로 담담하게 인정해야 한다.

매일 아침 자신의 감정 상태를 빨강·노랑·초록 신호등처럼 간단하게 구분해 보라. 빨강일 때는 "오늘 컨디션이 좋지 않습니다", 노랑일 때는 "조금 걱정되지만, 함께 해결해 봅시다"라고 자연스럽게 표현한다. 이처럼 감정을 객관적이고 냉정하게 바라보는 일상의 습관은 진정한 자기 관리의 출발점이며, 감정을 제대로 통제할 수 있는 실질적인 힘을 기르는 토대가 된다.

핵심은 스스로의 감정을 돌보면서도 팀원들에게 불안을 옮기지 않는 유연한 균형 감각을 갖추는 것이다. 이러한 진솔한 태도는 팀원들에게 '리더도 결국 우리와 같은 사람'이라는 인상을 심어주며, 깊은 신뢰와 유대감을 자연스럽게 형성한다.

2. 문제 인정 공동 대응: '함께'라는 메시지를 전달하라

문제를 감추고 숨기는 것이 아니라 팀원들과 함께 정면으로 마주하는 것이다. "이번 프로젝트가 예상보다 훨씬 까다롭네요. 어디서 막히고 있는지 같이 차근차근 점검해 볼까요?"라는 말 한마디는 문제를 리더 혼자만의 짐이 아닌, 팀 전체가 함께 해결해야 할 공통의 과제로 바꾸어 놓는다.

위기와 어려움 속에서 리더가 불확실성을 솔직하고 담담하게 인정할 때 팀원들의 신뢰는 오히려 이전보다 훨씬 더 높아진다. 팀원들도 사실 같은 걱정과 우려를 마음속 깊이 품고 있었기 때문이다. 핵심은 문제를 인정하면서도 '어렵긴 하지만 분명히 방법이 있습니다'라는 해결 가능성과 희망을 동시에 제시하는 것이다. 억지스럽고 공허한 긍정보다는 '함께 헤쳐 나가자'는 따뜻한 메시지가 팀을 훨씬 더 단단하고 강하게 만든다.

3. 구체적 낙관론: '진심'을 나누는 관계를 형성하라

막연하고 추상적인 "잘될 거야!" 대신 구체적이고 실질적인 근거가 있는 희망을 명확하게 제시해야 된다. "지난 분기에 비슷한 위기를 이런 방식으로, 성공적으로 극복했습니다"라고 과거의 성공 사례를 구체적으로 인용하거나 "현재 준비 중인 새로운 전략이 다음 달부터 실질적인 효과를 보일 겁니다"와 같이 진행 중인 계획을 투명하고 솔직하게 알린다. 이런 구체적이고 실증적인 근거는 리더 자신에게도 심리적 안정감과 확신을 준다.

동시에 팀원들의 감정과 어려움에 진심으로 공감하는 것도 매우 중요하다. "힘들죠? 저도 정말 그래요"라는 솔직하고 따뜻한 공감은 팀원들에게 위로가 될 뿐만 아니라, 리더 자신도 혼자서 모든 것을 감당해야 한다는 과도한 부담에서 자연스럽게 벗어나게 해준다. 감정을 함께 나누는 과정에서 리더의 스트레스도 자연스럽고 건강하게 줄어든다.

구체적이고 실질적인 근거와 감정적이고 따뜻한 공감이 조화롭게 만날 때 리더와 팀 모두에게 실질적인 도움이 되는 현실적 낙관이 탄생한다. 이는 팀원들에게 실제적이고 확실한 확신을 주고, 리더에게는 감정적 여유를 선사하며, 함께 문제를 해결할 수 있다는 강한 믿음을 만들어낸다.

한 줄 성찰

"강제된 긍정성은 리더의 감정적 번아웃을 초래할 수 있다."

반전에 반전

실무 현장에서는 대외 발표, 내부 위기관리, 타이밍 문제 등으로 불가피하게 긍정적 메시지를 전해야 하는 어쩔 수 없는 순간이 분명히 존재한다. 이때 놓치지 말아야 할 가장 중요한 것이 바로 건전한 자기감정 관리법이다.

첫째, 공적 역할과 사적 감정을 명확하게 분리하라. '지금 나는 조직을 위해 희망을 전하고 있다'고 명확하고 분명하게 인식하자. 이것이 내 진짜 감정을 부정하거나 무시하는 것은 절대 아니다.

둘째, 메시지를 전한 후에는 반드시 철저한 자기 점검을 하는 것도 필요하다. '방금 내가 전한 희망 중에서 진심인 부분은 과연 무엇인가?' '나도 모르게 억지로 한 말은 없었나?' '지금 내 속마음은 실제로 어떤 상태인가?'를 솔직하게 되돌아보자.

셋째, 신뢰할 수 있는 사람과 진솔하고 깊이 있는 대화를 정기적으로 나눠라. 가족, 친구, 동료 중 누군가에게는 리더 역할을 완전히 벗고 한 인간으로서 솔직한 마음을 편안하게 털어놓을 수 있어야 한다. 이것이 감정의 균형을 건강하게 유지하는 가장 중요한 핵심이다.

이 세 가지 원칙을 꾸준히 지키면 불가피한 긍정 메시지도 자신을 잃지 않고 진정성 있게 전달할 수 있다.

공감:
단순 테크닉, 그 이상

인트로

"당신의 공감은 진짜인가요?"

최근 어느 임원의 고민을 들은 적이 있다. 그는 성과가 우수하고 업무 능력도 뛰어났지만 팀장들과의 관계에서 늘 어려움을 겪고 있었다. 360도 다면평가에서 '공감 능력 부족'이라는 피드백을 두 해 연속으로 받았다고 했다.

"저는 나름대로 노력하고 있습니다. 팀장들 이야기에 귀 기울이고, 회식도 하고, 의식적으로 애로 사항도 물어봅니다. 그런데도 여전히 공감이 부족하다고 하네요."

실제로 많은 리더가 비슷한 고충을 토로한다. 공감이 중요하다는 것은 알지만, 정작 무엇을 어떻게 해야 할지 막막하다는 것이다. 어떤 리더는 "나는 원래 이성적인 성향이라 공감하는 게 어렵다"라고 체념하고, 다른 리더는 "공감한다고 다 들어주면 조직이 돌아가겠냐?"라며 회의적 반응을 보이기까지 한다.

공감은 리더에게 선택이 아닌 필수라고 한다. 관련 교육훈련 프로그램과 각종 도서가 넘쳐난다. 하지만 현장의 리더는 여전히 공감하는 데 어려움을 느낀다. 과연 공감은 개발할 수 있는 역량일까?

통념 깨기

공감에 대한 세 가지 오해

우리는 공감에 대해 몇 가지 결정적 오해를 하고 있다.

첫 번째 오해는 공감을 단순한 감정이입으로 착각하는 것이다. 직원이 힘들다고 하면 "나도 그런 적 있어, 직장 생활이 다 그런 거야"라고 맞장구치는 것이 공감이라고 생각한다. 하지만 이것은 주관에서 나온 의례적 응답에 가깝다. 진정한 공감은 상대의 관점에서 그 상황을 이해하는 것이지, 내 경험에 빗대어 판단하는 것이 아니다.

두 번째는 공감을 '좋은 사람 되기'로 오해하는 것이다. 모든 요구를 들어주고, 항상 부드럽게 대하는 것이 공감이라고 생각한다. 그러나 무조건적 수용은 오히려 구성원의 성장을 저해할 수 있다. 때로는 따끔한 피드백이 필요하고, 원칙을 지키는 단호함도 필요하다. 공감은 무조건적 동의가 아닌, 상대의 처지를 이해한 뒤 최선의 대응을 모색하는 것이다.

세 번째는 공감을 타고난 성향으로만 보는 것이다. "나는 원래 감성적이지 않아서"라며 포기하는 리더가 적지 않다. 특히 분석적이고 논리적인 성향의 리더일수록 이런 고정관념에 갇히기 쉽다. 하지만 공감은 단순한 감성의 문제가 아니다. 이는 상대를 이해하려는 의지와 노력의 문제다.

이러한 오해는 리더를 더욱 혼란스럽게 만든다. 공감하려 노력할수록 어색하고, 진정성 없어 보이며, 결국 '차라리 안 하는 게 낫겠다'는 자포자기에 이르게 된다.

관점 전환

공감 능력에서 공감 태도로

여기서 발상의 전환이 필요하다. 공감을 '능력'이 아닌 '태도'로 접근해야 한다는 것이다.

사람의 기본 성향은 쉽게 바뀌지 않는다. 내향적인 사람이 갑자기 외향적으로 되기 어렵고, 이성적인 사람이 하루아침에 감성적인 사람이 되기는 어렵다. 공감 능력 역시 마찬가지다. 타고난 공감 능력이 부족한 사람에게 "공감 좀 하라"고 요구하는 것은 음치에게 당장 노래를 잘하라고 강요하는 것과 비슷하다.

그러나 태도는 다르다. 태도는 의식적 노력으로 변화시킬 수 있다. 공감 능력이 부족하더라도 공감하려는 태도를 가질 수는 있다. 상대의 이야기를 끝까지 들으려는 태도, 판단을 유보하고 이해하려는 태도, 다양한 관점을 수용하려는 태도는 충분히 개발할 수 있다.

더 중요한 것은 조직에서 공감이 단순한 감정적 이해를 넘어선다는 점이다. 조직에서 필요한 것은 '전략적 공감'이다. 이는 구성원의 감정과 상황을 이해하되, 조직의 목표와 성과를 함께 고려하는 균형 잡힌 접근이다. 감성만으로도, 이성만으로도 부족하다. 둘의 조화와 통합이 필요하다.

전략적 공감은 다음과 같은 특징을 갖는다. 첫째, 구성원의 감정을 인정하되 조직의 방향성을 잃지 않는다. 둘째, 개인의 어려움을 이해하되 팀 전체의 균형을 고려한다. 셋째, 단기적 위로보다 장기적 성장을 지향한다. 이와 같은 전략적 공감이야말로 요즘 필요한 핵심 역량이다.

뒤집기 실천

공감 태도를 키우는 구체적 방법

그렇다면 공감 태도는 어떻게 개발할 수 있을까? 다음 세 가지 실천법을 제안한다.

1. 우선 판단을 멈추고 경청하라

경청은 공감의 출발점이다. 그런데 많은 리더가 경청을 잘못 이해한다. 단순히 말을 열심히 듣는 것이 경청이라고 생각한다. 그러나 진정한 경청은 상대의 말 속에 담긴 감정과 의도까지 읽어내는 것이다.

경청할 때 가장 경계할 것이 '충·조·평·판'이다. 충고, 조언, 평가, 판단을 멈춰야 한다. 직원이 어려움을 토로할 때 "그건 이렇게 하면 돼"라고 즉각적 해결책을 제시하거나 "다들 그래, 너만 힘든 게 아니야"라고 일반화하는 것은 경청이 아니다.

한 팀장의 사례가 있다. 그는 팀원이 업무 과중을 호소했을 때 평소처럼 "일단 우선순위를 정리해서 중요한 것부터 처리해 보죠"라고 조언하려다 멈췄다. 대신 "얼마나 부담스러운지 좀 더 자세히 말해 줄 수 있을까?"라고 물었다. 그러자 팀원은 단순한 업무량의 문제가 아니라, 최근 가족 문제로 집중력이 떨어진다는 진짜 이유를 털어놨다. 만약 성급하게 조언했다면 절대 들을 수 없었을 내용이었다.

경청에는 비언어적 제스처도 필요하다. 눈을 맞추고, 고개를 끄덕이며, 중간중간 "그랬구나" "힘들었겠다" 같은 공감 표현을 한다. 그리고 가장 중요한 것은 침묵을 견디는 것이다. 상대가 말을 멈췄을 때 바로 대답하지 말고, 5초 정도 기다려보라. 그 침묵의 시간 후에 진짜 하고 싶은 말이 나온다.

2. 호기심을 갖고 질문하라

공감은 관심에서 시작된다. 그리고 관심은 질문으로 표현된다. 그런데 많은 리더가 질문을 어려워한다. 무엇을 물어야 할지 모르겠다는 것이다.

좋은 질문의 출발점은 '호기심'이다. 판단하려는 마음이 아니라 진정으로 궁금해하는 마음에서 질문이 나온다. "그런 생각을 하게 된 계기는 무엇인가요?" "그때 기분이 어땠어요?" "어떤 점이 가장 힘들었나요?" 같은 열린 질문 말이다.

질문의 유형에는 닫힌 질문과 열린 질문이 있다. '네' '아니오' 단답형으로 답할 수 있는 질문은 닫힌 질문이다. 상대의 마음과 생각도 닫히게 할 수 있다. 상대의 생각을 다양하게 말할 수 있는 열린 질문으로 대화를 이어갈 수 있게 연습해 보자.

추가로 효과적인 방법의 하나는 '메아리 질문'이다. 상대가 한 말 중에서 핵심 단어나 감정을 표현한 부분을 그대로 따라 묻는 것이다. 예를 들어 "팀장님이 저를 신뢰하지 않는 것 같아요"라고 했다면, "신뢰하지 않는다고 느꼈군요"라고 되묻는다. 이런 질문은 상대로 하여금 자신의 감정을 더 깊이 탐색하게 만든다.

질문할 때 주의할 점도 있다. '왜'로 시작하는 질문은 자칫 추궁하는 느낌을 줄 수 있다. 대신 '어떻게' '무엇이'로 시작하는 질문이 더 부드럽다. 또한 한 번에 여러 개의 질문을 하지 말고, 하나씩 차근차근 물어야 한다.

3. 다양한 관점에서 상황을 보라

공감의 핵심은 관점 전환이다. 내 처지가 아닌 상대의 처지에서 상황을 보는 것이다. 그런데 이게 말처럼 쉽지 않다. 특히 경험이 많고 직급이 높을수록 자신의 관점에 갇히기 쉽다.

관점 전환을 위한 구체적인 방법이 있다. '만약에' 기법이다. '만약 내가 이 직원의 나이라면?' '만약 내가 이런 상황에 부닥친다면?' '만약 내 자녀가 이런 상사를 만난다면?' 이런 상상을 통해 상황을 다르게 볼 수 있다.

또 하나의 방법은 '제삼자 관점'이다. 마치 드론으로 위에서 내려다보듯, 상황을 객관적으로 조망하는 것이다. "이 상황을 전혀 모르는 사람이 본다면 어떻게 생각할까?" "10년 후의 내가 지금 이 상황을 돌아본다면?" 이런 질문을 통해 감정에서 한발 떨어져 상황을 볼 수 있다.

어느 회사의 대표에게서 들은 경험담이 인상적이다. "젊은 직원이 '일과 삶의 균형을 지키고 싶다'고 했을 때 처음엔 '요즘 직원들은 너무 편하게 살려고 한다'고 생각했다. 그러다가 30년 전 나 역시 신입 사원 시절 비슷한 생각을 했던 기억이 떠올랐다. 단지 그때는 그런 말을 꺼낼 수 없는 분위기였을 뿐이다." 이런 회상을 통해 직원의 요구를 다르게 보게 됐고, 함께 해결책을 찾아나갔다.

한 줄 성찰

"공감은 능력이 아닌 태도다. 전략적 공감으로 사람과 성과를 모두 잡는 리더가 되라."

반전에 반전

그럼에도 공감에는 잘 알려지지 않은 함정이 있다.

첫째, 과도한 공감은 리더를 지치게 만든다. 모든 구성원의 감정을 다 받아주려다 번아웃에 빠질 수 있다. 적절한 경계 설정이 필요하다. 공감은 상대를 이해하는 것이지, 상대의 감정을 내가 대신 짊어지는 것이 아니다.

둘째, 선택적 공감의 위험이다. 자신과 비슷한 사람, 호감 가는 구성원에게만 공감하기 쉽다. 이는 조직 내 형평성 문제를 일으킨다. 의식적으로 다양한 구성원에게 고른 관심을 기울여야 한다.

셋째, 공감이 의사결정을 흐릴 수 있다. 때로는 조직을 위해 냉정하게 결정해야 한다. 한 명의 구성원에게 공감하다가 전체 팀의 사기를 떨어뜨릴 수 있다. 공감하되 휩쓸리지 않는 균형감이 중요하다. 공감은 목적이 아닌 수단임을 잊지 말아야 한다.

겸손:
비하의 또 다른 이름

인트로

'당신의 겸손은 과연 진짜 겸손일까요?'

주니어 시절 다닌 회사의 다른 부서 팀장이 지금도 기억에 남는다. 그 분은 온화한 성격으로 문제를 일으킨 적도 없고, 프로젝트 성과는 늘 우수한 편이었다. 부럽기도 하고 성과가 좋은 이유도 궁금해서 그 팀 프로젝트 성료 후 어느 날 지나가다 마주쳐 인사를 드리며 물어봤다.

"와, 팀장님 팀은 진짜 대단한 것 같아요." 그랬더니 돌아온 답은 예상

밖이었다. "아유, 운이 좋은 거죠. 뭐…."

이후에도 몇 번 칭찬을 받을 때마다 "이게 다 운 덕분입니다"라며 수줍은 표정을 지었다. 처음엔 겸손한 분이라고 생각했지만, 점점 이상하게 느껴졌다. 아니, 저 성과가 전부 운이면 로또 1등 당첨 수준 아닌가! 모든 일에 운이 어느 정도 작용하는 건 맞지만, 그의 끊임없는 '운 타령'은 오히려 진정성을 의심하게 했다.

통념 깨기

당신의 겸손함은 비하일지도

우리는 대부분 어릴 적부터 겸손해야 한다는 교육을 받고 성장했다. 튀지 말고, 자신을 낮추는 자세를 견지하라고 확고하게 교육받아 온 탓에, 사회생활을 오래 해도 자신감을 표현하는 것을 꺼려하는 경우가 적지 않다. 자신감이 자만심으로 비칠까 하는 우려 때문이다. 고성과자들도 이런 태도를 심심치 않게 보인다. 운이 좋았다는 표현은 양반이다. 칭찬 한마디에 아니라고, 그러지 말라고 손사래를 치는 사람도 있다. 이 정도면 자기 비하에 가깝다.

『논어』에 과공비례(過恭非禮)라는 고사성어가 있다. 공손함이 지나치면 예가 아니라는 뜻이다. 위의 사례처럼 늘 운이 좋았다고 말하는 리더를 사람들이 '저분은 늘 겸손하셔'라고만 생각할까? 그렇지 않다. 동료 리더들은 '저 사람의 성과는 자기 실력이 아니라 그냥 운이구나'라는 인식을 갖게 된다. 더 나아가 구성원의 인식은 더욱 부정적일 가능성이 높다. '우리 리더는 왜 다 운이라고 생각하지? 내가 한 고생은 뭐지?' 하는 생각이 들 수밖에 없다.

겸손이 정말 미덕인지는 정도에 따라 달라진다. 그리스 신화 속 '이카로스'는 태양에 가까워지면 날개를 붙인 밀랍이 녹기 때문에 높이 날 수 없다. 그러나 너무 낮게 날아도 안 된다는 규칙도 있다. 날개가 바닷물에 닿으면 무거워져 추락하기 때문이다. 무작정 자신을 낮추기만 하는 겸손함은 자신의 존재감뿐만 아니라 팀의 성과마저 깎아내리는 결과를 낳을 수 있다.

관점 전환

겸손으로 포장된 방어기제 깨기

사람들은 타인의 성공을 능력, 노력, 상황(운도 포함)으로 분류해 해석하는 경향이 있다. 리더가 겸손을 앞세워 성과를 운으로만 돌리면 구성원과 주변인들은 다음과 같은 인식을 갖게 된다.

- 이 사람은 실력은 없고 운만 좋구나!
- 실패하면 운이 나빠서라고 할 거고, 자기 실력은 돌아보지 않겠지.
- 저렇게 성과도 제대로 설명 못 하는 사람이 리더라고?
- 우리가 한 노력은 무시하고 다 운이라니, 계속 같이 일해야 할까?

그러니 생각을 바꿔야 한다. 성과를 냈다는 것만으로도 당신은 이미 훌륭한 리더다. 혼자 한 일이 아니라 함께 해낸 일이라면 더욱 칭찬받아 마땅하다. 생각과 이해관계가 서로 다른 직원들의 협업을 끌어내고 적절한 의사결정 과정을 거쳐 성과를 달성했기 때문이다.

만약 당신이 늘 운이 좋았다는 겸손함만 보였다면 깊이 생각해 볼 필요가 있다. 자만심을 갖기 싫어서가 아니라 어쩌면 책임감에 대한 부담 때문에 지나치게 겸손한 것은 아닌지 말이다. 사람들이 성과를 운으로 돌리는 태도 이면에는 자기방어 심리가 작동하는 경우가 많다. 더 많은 일을 떠안게 될지도 모른다는 우려, 실패했을 때의 책임에 대한 두려움을 에둘러 표현한 것이 지나친 겸손으로 나타난 것일 수 있다.

뒤집기 실천

적절한 겸손함을 실천하자

오웬스와 헤크먼(Owens & Hekman, 2012)의 연구에 따르면 겸손은 자기 인식, 타인 존중, 성장 의지의 세 가지 핵심 요소로 구성된다. 즉, 내가 할 수 있는 일과 도움이 필요한 일을 명확하게 구분하고, 구성원의 의견을 적극적으로 경청하며, 지속적으로 성장을 추구하는 태도가 진정한 겸손이다. 어릴 적 교육받은 겸손이 소극적인 태도에 가깝다면, 이 연구는 겸손함이 오히려 적극적인 태도를 전제로 한다는 것을 보여준다. 겸손의 본질은 유지하되 진정성 있게 표현하는 방법은 다음과 같다.

1. 칭찬을 우아하게 수용한다

칭찬받을 때 운으로 치부하지 말고 감사하게 받아들이되, 자만하지 않는 마음을 담아 표현한다.

"감사합니다. 이번 프로젝트는 정말 쉽지 않았는데 이렇게 인정해 주시니 큰 힘이 됩니다."

"고맙습니다. 다음에는 이번에 부족했던 부분을 보완해서 더 좋은 결과를 만들겠습니다."

"정말 감사해요. 여러분의 응원 덕분에 끝까지 해낼 수 있었습니다."

이처럼 나를 낮추거나 비하하지 않으면서도, 과시하지 않고 겸손함을 표현하는 방법은 얼마든지 있다.

2. 구성원의 기여를 구체적으로 인정한다

업무에서 훌륭한 성과가 나왔다면 그 과정에서 애쓴 구성원이 반드시 있다. 그들의 구체적인 기여를 언급하면 운이 아니라 팀의 실력으로 성과를 냈음을 자연스럽게 드러낼 수 있다.

"A 프로가 타 부서와 소통하는 데 정말 탁월한 조정 능력을 보여줬습니다. 덕분에 협업이 원활했어요."

"B 과장의 데이터 분석 능력이 이번 프로젝트의 핵심이었습니다. 정확한 인사이트를 제공해 줬거든요."

"초반에 막막했는데 C 팀장이 제공한 벤치마킹 자료가 방향을 잡는 데 큰 도움이 됐습니다."

3. 상호 인정의 관행을 만든다

칭찬하는 상대방의 기여도 함께 인정하면 더욱 건강한 조직을 만들 수 있다.

"감사합니다. 지난번 팀 회식 때 이사님 격려 말씀이 저희 팀원들에게 큰 자극이 됐습니다."

"본부장님의 세심한 피드백 덕분입니다. 바쁘신 중에도 문서를 꼼꼼히 검토해 주셔서 완성도를 높일 수 있었어요."

"협업 과정에서 ○○ 팀의 적극적인 지원이 없었다면 이런 성과는 불가능했을 겁니다."

이러한 표현은 운을 내세우지 않으면서도 자기과시 없이 겸손함을 진정성 있게 전달한다.

한 줄 성찰

"나는 겸손한 리더인가, 아니면 나와 구성원의 노력을 폄하하는 리더인가?"

반전에 반전

그렇지만 때로는 "운이 좋았다"라고 표현하는 것이 적절한 순간이 있다.

첫째, 실수했는데도 우연히 좋은 결과가 나왔을 때다. 이럴 때는 솔직하게 운이 따랐음을 인정하는 것이 오히려 진정성 있다.

둘째, 과도한 경쟁 상황에서 동료들의 질투를 피하고 싶을 때다. 조직 내 정치적 역학 관계를 고려해야 하는 상황이라면 전략적 겸손이 필요할 수 있다.

셋째, 상대방이 명백한 아부나 과도한 칭찬을 할 때다. 이런 경우 적당한 선에서 겸손을 표현하는 것이 관계 관리에 도움이 된다.

중요한 것은 이러한 표현이 습관이 돼서는 안 된다는 점이다. 상황에 맞는 적절한 겸손과 당당한 자신감 사이에서 균형을 찾는 것, 그것이 리더가 갖춰야 할 지혜다.

EPILOGUE

완벽하지 않아도 괜찮습니다

우리는 이 책을 통해 수많은 '뒤집기'를 이야기했습니다. 동기부여부터 평가, 그리고 자기 자신의 마인드셋까지, 기존의 관성을 거스르는 일은 결코 쉽지 않습니다.

어쩌면 책을 덮는 이 순간, 새로운 숙제를 떠안은 기분이 들지도 모르겠습니다. '이걸 다 언제 실천하지?' 하는 걱정이 앞설 수도 있습니다. 하지만 마지막으로 꼭 드리고 싶은 말씀은 처음부터 '너무 완벽하려고 애쓰지 말자'는 것입니다.

우리는 공정 편에서 '100% 완벽해야 한다는 편견'을 버리자고 했습니다. 리더십도 마찬가지입니다. 모든 구성원을 만족시키고, 모든 프로젝트를 성공시키며, 언제나 쿨하고 멋진 리더가 되는 것은 불가능합니다.

리더십의 본질은 '완벽함'이 아니라 '일관성'과 '나아감'에 있습니다.

실수했다면 '운이 나빴다'고 돌리지 말고 솔직하게 인정하는 용기를 가지십시오.

모든 것을 다 챙기려다 번아웃되지 말고, 믿고 맡기는 위임의 기술을 조금씩 시도해 보십시오.

가끔은 감정을 드러내도 괜찮습니다. 당신은 로봇이 아니라 사람이니까요.

이 책에서 제안한 모든 방법을 당장 내일 아침부터 적용할 필요는 없습니다. 그저 매일 마주하는 회의 시간, 면담 자리, 혹은 업무 지시의 순간에 '잠깐, 이걸 뒤집어 생각해 보면 어떨까?'라는 질문 하나만 떠올려도 충분합니다.

그 작은 관점의 전환이 쌓여 당신의 리더십을 완성해 갈 것입니다.

저자 일동

리더십
뒤집기

리더십
뒤집기

1쇄 발행 2026년 1월 31일

지은이 정상민, 이영아, 배희수, 박해리, 김진영
발행인 임채청
펴낸 곳 동아일보사
등 록 1968.11.9(1-75)
주 소 서울시 종로구 청계천로 1 (03187)
편 집 전화 02-361-1069 팩스 02-361-0979
인 쇄 도담프린팅

저작권 © 2026 정상민 이영아 배희수 박해리 김진영
편집저작권 © 2026 동아일보사

이 책은 저작권법에 의해 보호받는 저작물입니다.
저자와 동아일보사의 서면 허락 없이
내용의 일부를 인용하거나 발췌하는 것을 금합니다.

ISBN 979-11-92101-42-2 03320 값 19,800원